WÜRZBURG
BILDER EINER STADT

STÜRTZ VERLAG WÜRZBURG

PETER SCHREIBER · WALTER THIERFELDER

WÜRZBURG

BILDER EINER STADT

Wir danken dem Mainfränkischen Museum,
dem Martin-von-Wagner-Museum der Universität
und der Schloß- und Gartenverwaltung in Würzburg
für die Möglichkeit der Veröffentlichung der
Bilder auf den Seiten 49, 48, 42, 43
und Herrn Prof. Dr. Max H. von Freeden
für die Zeittafel auf Seite 19 ff.

Bildnachweis:
Wolf-Christian von der Mülbe, S. 42, 43
Stephan Thierfelder, S. 74, 119
Schutzumschlag Vorderseite: Residenz in Festbeleuchtung
Schutzumschlag Rückseite: Brunnen in der Dreikronenstraße

CIP-Titelaufnahme der Deutschen Bibliothek

Würzburg: Bilder einer Stadt / Peter Schreiber ;
Walter Thierfelder. [Übers. ins Engl.: Ilonka Schneider.
Übers. ins Franz.: Michèle Jeske].
– 2. Aufl. – Würzburg : Stürtz, 1991
ISBN 3-8003-0403-1
NE: Schreiber, Peter; Thierfelder, Walter

Gestaltung: Jürgen Roth, Würzburg
Übersetzung ins Englische: Ilonka Schneider, Würzburg und
Übersetzungsdienst Dieter und Jale Schumann
Übersetzung ins Französische: Michèle Jeske, Würzburg und
Übersetzungsdienst Dieter und Jale Schumann
Gesamtherstellung:
Universitätsdruckerei H. Stürtz AG, Würzburg
Printed in Germany
ISBN 3-8003-0403-1

WAS FÜR EINE STADT

Was für eine Stadt! Seit nahezu einem Jahrtausend daran gewöhnt, Lobpreisungen ebenso selbstverständlich wie souverän hinzunehmen, war sie auch nach den zerstörerischen Demütigungen, die ihr der zweite Weltkrieg zufügte, stark genug, um ihre Wunden der Selbstheilung zu überlassen.

Gottfried von Viterbo hat sie im zwölften Jahrhundert als glückliche Herbipolis gepriesen, und Walther von der Vogelweide, dessen Grabdenkmal im Lusamgärtlein von den Kreuzgangfragmenten des ehemaligen Neumünsterstiftes behütet wird, hat ihr ebenso Achtung gezollt wie, ein Jahrhundert später, der meisterliche Epigone und bürgerliche Berufsdichter Konrad von Würzburg. Wolfgang Amadeus Mozart nannte sie eine schöne, prächtige Stadt, und Johann Wolfgang Goethe, dem kein anderer Wein schmecken wollte als der Würzburger, war ihr nicht minder zugetan als Richard Wagner und Felix Dahn oder Hermann Hesse und Gertrud von le Fort. Die ununterbrochene Folge ungezählter Huldigungen reicht bis in unsere Tage.

Die Historie der Stadt wie die Entstehungs- und Baugeschichte ihrer Sehenswürdigkeiten ist nachlesbar, auch am Ende dieses Buches; und so wollen Bilder und Text weder belehren, noch den Anspruch auf sachlich-präzise Information erheben. Neben einer durchaus berechtigten Ansichtskartenoptik, die Gästen, Fremden und Touristen, aber auch den Bürgern gängige Prioritäten albumreif vermittelt, geht es in diesem Schauband um ganz subtile Eindrücke, um Würzburgs Flair en détail, um Stimmungen, die, zusammengenommen, ein impressionistisches Gemälde ergeben, das, durchaus unüblich, überwiegend unentdeckte und unbekannte Blickwinkel ins Licht rückt, nicht nur ins fotografische, sondern auch in jenes »geheime Licht«, von dem Max Dauthendey 1912 sagte, daß es den Menschen nur hier so nahe kommt wie selten auf einem Punkt der Erde. Wie sonst hätte, so der Dichter, Professor Röntgen hier ein neues, den Menschenkörper durchdringendes Licht den Augen sichtbar machen können!

Was aber würde Impressionen und vielfältige Reize des Lichtes besser zur Geltung bringen als das bildhafte Erleben jahres- und tageszeitlich verschiedener Stimmungen! Das ist gewiß kein neuer Gesichtspunkt, aber auch im Leben einer Stadt ein nicht wegzudenker natürlicher Aspekt, den es festzuhalten und augenfälliger zu machen gilt. Die Besinnung auf Grundsätzliches schließt diesen Anspruch nicht aus. Was sich nüchtern als geographische Lage bezeichnen läßt, ist nichts Erworbenes, Erkämpftes, Verdientes, sondern, auch für Würzburg, Vorgabe, doch dies nicht allein, ist auch Glück oder Gnade, nicht Zufall freilich, denn die Geburtsstunde einer Stadt schlägt nicht von ungefähr. Sie hat immer einen triftigen Grund, sei es ein Flußübergang wie im nahen, reizvollen Städtchen Ochsenfurt, sei es eine verteidigungsfähige strategische Position oder eine ökonomische Chance im Kreuzungspunkt wichtiger Handels- und günstiger Verkehrswege. Und in der Tat: Würzburg brilliert mit Positionen auf der Habenseite.

Die Landschaft, die sich, grob gesehen, an den weiten Zirkelschlag von Spessart, Rhön und Steigerwald lehnt, besticht durch weinbewachsene Hänge sanfter Hügelketten, die das Mäanderband des Flusses begleitet. Hier, im Maindreieck, wo Moenus erstmals seiner Ambition nach Norden folgt, beginnt jene südliche Heiterkeit Platz zu greifen, auf deren Boden so gerne Schöpferisches gedeiht. Dort liegt auf einer linksmainischen Berghöhe, die schon in keltischer Vorzeit einer Fischersiedlung Schutz gab und später die alemannische Uburzis ebenso beschirmte wie das Castellum Virteburch, die Festung Marienberg. Besser könnte die Harmonie zwischen Fluß, Brücke und Burg nicht präsentiert werden! Wer die Stadt von den Festungswällen über der Weinlage Schloßberg betrachtet, erkennt schnell, daß innerhalb der in der Mitte des 19. Jahrhunderts geschleiften Befestigungsanlagen nicht die Eintönigkeit zerfließender Häuserzeilen dominiert. Hier liegt, überschaubar, eine Stadt, deren lebensvoller Mittelpunkt, der Markt, von charakteristischen Türmen apostrophiert wird, die sich, je nach Standort, ineinanderzuschieben scheinen und es dem Unkundigen schwer machen, zwischen Kiliansdom, Neumünsterkirche und Marienkapelle zu unterscheiden.

Zudem liegt Würzburg mitten in Deutschland, mitten in Europa, lebt unter anderem auch und gerade von dieser Zentralität als Kreuzungspunkt stark frequentierter Schienenwege, Fernstraßen und Autobahnen. Und schließlich gibt es noch den Main, der seit Ewigkeiten alles in Fluß hält und bewegt. Heute ist er nicht mehr Ankerplatz von Kettenbooten und Wasch-Schiffen wie vorzeiten, und er ist auch nicht mehr lebensbeherrschend für Generationen von Fischern, Schiffern und Flößern. Immer noch aber ist er kräftig pulsierende Ader für Fahrgastschiffe, die am Kranenkai oder nahe der Löwenbrücke, pardon, der Ludwigsbrücke, festmachen, und für Lastkähne, die die neue Schleuse passieren oder die Hafenanlagen ansteuern. Wo ein Fluß das Landschaftsbild bestimmt, wird immer etwas von der alten griechischen Sentenz spürbar, die besagt, daß alles fließt, daß es keinen Stillstand gibt und daß das Sein in unablässigem Werden begriffen ist. Bleibt, um das Bild von Verkehrsfluß und -anbindung abzurunden, lediglich nachzutragen, daß der Rhein-Main-Flughafen Frankfurt von Würzburg aus per Bahn während der Hauptreisezeiten des Tages stündlich, und zwar direkt, das heißt ohne Umsteigen, in derzeit exakt zweiundneunzig Minuten erreicht werden kann.

Alle Hymnen über Würzburg sind längst erklungen, alle Lobgesänge, unterbrochen nur von einem Requiem ohnegleichen, längst gesungen, alle Gedichte zu Würzburgs Ehre und Unsterblichkeit längst geformt und niedergeschrieben, gesprochen, zu Stein geworden und in Holz geschnitzt. Alles Auszusprechende erweist sich als bereits wiederholt gesagt. Kaum noch ist Raum, gültig Neues über die Stadt zu vermerken, das nicht banal klingt, ja, klingen muß vor der Patina ihrer Vergangenheit, dem Hintergrund ihrer geschichtlichen Bedeutung, dem Wissen um die Namen ihrer berühmten Söhne und Bürger, dem Begreifen ihrer ursprünglichen Kraft bei der Bewahrung ihres kunsthistorischen Vermächtnisses und der Meisterung ihres Schicksals oder der Bewältigung ihrer Aufgaben als Gemeinwesen bis in unsere Tage.

Da erweist es sich als wohltuend, den Blick nicht nur auf die Glanzpunkte von Historie, Bau- und Kunstgeschichte richten zu müssen, sondern auch den Accessoires ganz geruhsam Beachtung schenken zu dürfen, die wie Mosaiksteine dem unnachahmlichen, unverwechselbaren Gesamtbild erst Leben einhauchen.

Da sind die Gärten und Parks mit Putten, Brunnen und Wasserspielen, die Silhouetten von Türmen und Dächern mit dem Schattenriß der Personifizierung Frankens, der »Franconia«, die Enten vor der nebelhaften Kulisse der Alten Mainbrücke, die Balkone und Hinterhöfe. Da sind die Bäume im Glacis, im Park des Juliusspitals oder im Rokokogarten von Veitshöchheim, an Straßen und Feldrainen, die Kandelaber vor dem Prospekt des »Grafeneckart«, des Rathausturms. Da ist die Laterne zwischen den Butzenscheiben des ältesten Weinhauses der Stadt, in das man geradewegs eintreten möchte, um in seiner Heimeligkeit einen trockenen Silvaner auf der Zunge zu schmecken. Florian Geyer traf sich hier, im »hinteren Gressenhof«, dem heutigen Weinhaus »Zum Stachel« während des Bauernkrieges mit den in Würzburg später unterlegenen Aufständischen. Im Gramschatzer Wald hat man ihn ermordet.

Der Weinstuben sind viele! Wie könnte es in einer Stadt, in der der »Bocksbeutel« kreiert wurde, auch anders sein! Berühmt sind die Weinstuben im Bürgerspital zum Heiligen Geist (wo den Pfründnern des Altenheimes seit über sechshundert Jahren täglich ein Viertelliter, sonntags aber ein halber kostenfrei kredenzt wird) und im Spital des Julius Echter von Mespelbrunn, der die Geschicke des Fürstbistums vierundvierzig Jahre lenkte. Man muß hinabsteigen in die Keller, von denen der Stückfaßkeller des Staatlichen Hofkellers unter dem Nordflügel der Residenz als der prächtigste gilt, um zwischen den geschnitzten Böden der Holzfässer, noch ehe ihnen die praktischen Container unserer Zeit völlig den Rang abgelaufen haben, die Kreszenzen zu riechen und zu kosten, die die Weine der Lagen Stein, Innere Leiste, Pfaffenberg oder Abtsleite hervorgebracht haben, und ein wenig zu erspüren von der zwölfhundertjährigen Weinkultur Frankens.

Von Mosaiksteinen war die Rede. Da ist das Stilleben mit dem klassizistischen Relief am Obelisken des Marktbrunnens, da ist das Blattgold der Kanzeln und Altäre, deren Besichtigung im Rahmen einer Fremdenführung nicht obligat ist. Da werden Farbtupfer aus Galerien und, nicht zuletzt, bunte Akzente von Straßen und Plätzen ins Bild gerückt, Menschen auch, die in Würzburg leben, wohnen, arbeiten und feiern und die Stadt überhaupt erst zu dem machen, was sie ist. Und da sind freilich, neben dem achteckigen spätromanischen Glockenturm des Neumünsters und dem prachtvollen Renaissancekirchenturm der Alten Universität auch die Beton- und Glasarchitekturen der neuen Alma Mater auf dem Hubland oder des jungen Congress Centrums am südöstlichen Kopf der Friedensbrücke präsent. Ließe sich besser verdeutlichen, welcher Profanierung unsere Zeit erlegen ist?

Aber zurück zu einer der größten Grünanlagen der Stadt! Nur die im Steinbachtal ist mit dreißig Hektar um drei Hektar größer als der Würzburger Ringpark, von dem die Rede sein soll, nicht zuletzt, weil er ein Paradebeispiel dafür ist, wie wohlüberlegte, wenn auch kompromißlose Einschnitte ins Althergebrachte, will sagen in die Erstarrung steinerner Fundamente, eine sinnvolle Stadtentwicklung überhaupt erst möglich machten. Um 1200 hatte Würzburg etwa fünftausend Einwohner. Als der Nürnberger Arzt und Humanist Hartmut Schedel die Burg auf dem Marienberg (früher auch »Altwürzburg« genannt) 1493 in seine berühmte Weltchronik aufnahm, als Sebastian Münster 1548 die »Herbipolis Wirtzpurg« in seiner Kosmographie verzeichnete (»Herbipolis« ist eine lateinisch-griechische Worterfindung, zusammengesetzt aus »herba«, Kraut, Pflanze, Gewürz, und »polis«, der Bezeichnung für einen altgriechischen Stadtstaat), als Merian schließlich 1648 den Würzburger »Frauenberg« (auch so hieß er!) beschrieb, verlief die Bevölkerungsentwicklung ohne gravierende stürmische Explosionen. Noch um 1800 war die Stadt von einem barocken Befestigungsgürtel umgeben, der sie korsettierte. Das Gemeinwesen brauchte Lebensraum. Die Wälle hatten keinen Verteidigungswert mehr. 1856 begann man die Bastionen zu schleifen. Der Weg für einen rasanten Anstieg der Bevölkerung (1866 sind es 33 000, um 1900 dann 75 000 und 1956 bereits 100 000 Einwohner) war frei. Heute hat Würzburg rund 126 000 Einwohner.

Und was wäre die unterfränkische Main- und Wein-metropole nun ohne diese grüne Lunge, ohne diese Oase, die den Stadtkern so durchlässig umschließt, was wäre sie ohne ihren 3,3 Kilometer langen Ring-park mit seinen 12 Kilometer langen Wegen! Jens Person Lindahl, der Schwede, der sich schon bei der internationalen Gartenausstellung in St. Petersburg eine Goldmedaille verdient hatte, hat ihn angelegt, vielerlei Widrigkeiten zum Trotz. Und so weht auch ein Hauch von Tragik unter seinen Baumriesen, die den Spaziergängern und Rasenflächen Schatten spenden und den Vögeln Lebensraum geben. Kom-munalpolitische Querelen waren es, die zum Eklat führten. Was sonst! Denn Lindahls geniale Pläne ko-steten Geld. Aber das war – quod erat demon-strandum – gut angelegt. Der Bürgermeister hatte Lindahl tatkräftig unterstützt, doch der Bürgermei-ster starb. Und so erschoß sich der schwedische Stadtgärtner, gedemütigt durch die kleinliche Über-wachung einer Sparkommission, an einem Novem-bertag des Jahres 1887 inmitten seiner Parkanlagen. Dort hat man ihm 1901 ein Denkmal gesetzt. Es wirkt klein unter den Bäumen, die er pflanzen ließ und in denen er sich selbst um vieles wirksamer ver-ewigte.

Zu den fast tausend Hektar privater und öffent-licher Grünflächen in Würzburg zählt, auf dem Ge-lände der ehemaligen Landesgartenschau, deren Anlagen dem Stadtbild überwiegend erhalten blie-ben, auch ein japanischer Steingarten am Festungs-hang. Er ist ein Geschenk der Partnerstadt Otsu am Biwasee. Da werden Erinnerungen an den sanften, impressionistischen, in Würzburg geborenen Lyri-ker Max Dauthendey wach. 1911 schrieb er »Die acht Gesichter am Biwasee«. Was für einen langen Weg mußten seine sterblichen Überreste nehmen, um von Malang auf Java in die Heimaterde zurück-kehren zu können! Sein Vater war der erste Fotograf und »Lichtkünstler« Deutschlands.

Zu den Grabsteinen – und Grabsteine sind immer Geschichte –, die in diesem Buch einen bildhaften Platz gefunden haben, weil die Spanne zwischen ihnen und dem prallen Leben, der Waschfrau etwa oder dem Fischverkäufer, eine wichtige Impres-sion, nämlich die der Endlichkeit vermittelt, zählt auch der des in Würzburg gestorbenen Malers Wil-helm Leibl. Als einer der Vollender des deutschen Realismus hat er, der hier seine letzte Ruhestätte fand, in kraftvollen »bairischen« Jagdszenen und Bauernporträts über den Tod hinaus der Nachwelt in seinen Bildern buntes, scharf beobachtetes Leben hinterlassen.

Immer wieder ist es das Kaleideskop der Eindrücke, das uns die Relationen bewußt macht, in denen wir zu unserer Umwelt stehen, zur Landschaft, in der wir leben, zur Stadt, deren Teil wir sind. Nicht irgendwo, sondern hier, in eben dieser Stadt, verharren die schlafenden Weinstöcke an der verschneiten Burkarder Kirche, in deren unmittelbarer Nähe ein modernes Jugendgästehaus internationaler Prägung die Beziehungen zur Gegenwart herstellt. Nicht irgendwo, sondern hier, in Würzburg, paradieren die Tauben auf dem Arm des 1846 stillgelegten, immer noch funktionsfähigen Alten Kranen, den Franz Ignaz Michael, der Sohn Balthasar Neumanns, errichtete. Hier ist die leere, weiße, winterliche, von Säulen bedrängte und fast erdrückte Bank, ist die von verwehten Herbstblättern umspielte, sinnlos anmutende Steintreppe, die zu nichts anderem zu zwingen scheint als zur Umkehr. Nur hier ist der Rückspiegel der streng gegliederten Glasflächen des Stadttheaters.

Eine Stadt wird immer daran gemessen werden, inwieweit und wodurch sie sich heraushebt aus der Gleichförmigkeit der Städte schlechthin. Gemeint ist jene Uniformität der mit großer Selbstverständlichkeit hingenommenen obligaten kommunalen Einrichtungen. Attraktivität und Mittelpunktsfunktion lassen sich auch durch die Anzahl von Schienenwegen und Fernstraßen, durch Bahnhöfe, Institutionen der Industrie, der Wirtschaft und des Handels, durch Bildungsangebote oder eine rege Kultur- und Veranstaltungsszene, subventionierte und nicht subventionierte Theaterarbeit, einen hohen Freizeitwert, Ausflugsmöglichkeiten, Fahrrad- und Wanderwege, Sportplätze und Mehrzweckhallen, Tenniszentren und Ruderstrecken, Freibäder und Hallenbäder belegen. Würzburg braucht sich in dieser Hinsicht nicht zu verstecken. Das aus der Ruine des ehemaligen Zollhauses der Kranenbastion entstandene »Haus des Frankenweins«, Kristallisationspunkt fränkischer Weinpräsentation, spricht ebenso für sich wie manche traditionelle Veranstaltung, etwa das Kilianivolksfest (die Messe gibt es seit 1030!), das großangelegte Winzerfest oder die Mainfrankenmesse. Identität aber läßt sich zwischen Hochhäusern, modernen Heizkraftwerken oder Müllverbrennungsanlagen, Stadtentwicklungsgebieten, neuen Wohnbezirken und Industrieansiedlung nicht mehr finden.

Und so dokumentiert sich auch Würzburgs Identität am ehesten und leichtesten zwischen Festung, Alter Mainbrücke, Grafeneckart, Marienkapelle und Falkenhaus, Dom und Neumünster und der ehemals fürstbischöflichen Residenz.

Das heißt aber nicht, daß es nicht auch im näheren oder weiteren Umkreis eine große Zahl unübersehbarer Identifikationen gibt, darunter die Kuppelhaube von Stift Haug, den Turmhelm der Neubaukirche, die Türme von St. Peter, St. Stephan, St. Michael und St. Johannis oder die ehemals dem

Deutschherrenorden dienende Deutschhauskirche mit ihrer lichten, frühgotischen Halle.

Antonio Petrini, der »Welsche«, Südtiroler von Geburt, hat den monumentalen Barockbau der Hauger Kirche von 1670 bis 1691 errichten lassen. Zeitgenossen standen seinem Werk ebenso staunend wie fassunglos gegenüber, und wenn er auch immer als Fremdling angesehen wurde, sein schöpferischer Geist, der noch viele andere Bauwerke Würzburgs beeinflußte, machte ihn in der zweiten Hälfte des 17. Jahrhunderts zum führenden Barockbaumeister Frankens. Ob ihn nun wirklich der Teufel holte, weil ein Werk wie Stift Haug nicht mit rechten Dingen geschaffen sein konnte, mag dahingestellt bleiben, daß »wann er sollte sterben, seinesgleichen man nicht sogleich haben würdte«, wird auch im Nachhinein nicht bezweifelt. Den Hauptaltar der Kirche schmückt heute ein überdimensionales Kreuzigungsbild von Tintoretto.

In der Alten Universitäts- oder Neubaukirche wird das Herz des Fürstbischofs Julius Echter verwahrt, der 1476 das Juliusspital und 1582 die zweite Würzburger Universität gründete. Eine ältere Universität bestand nur von 1402 bis 1413. Die restaurierte und profanierte Neubaukirche dient heute der Julius-Maximilians-Universität als Aula.

In St. Peter – wer weiß das schon! – befinden sich die Gräber des Königs der Schmiede, Johann Georg Oegg, des berühmten Stukkateurs Materno Bossi und des »Klee-Ulrich«, der den Kartoffelanbau in Franken heimisch machte. So hat Freund Hein Repräsentanten hehrer Kunst und ökonomischer Agrikultur im Tode friedlich vereint und nivelliert.

Weitgehend haben auch Würzburgs Stadtteile und eingemeindete Randbezirke wichtige Eigenständigkeiten bewahrt, und am charakteristischsten präsentieren sich wohl Heidingsfeld und Grombühl. Jenes, ein ehemals reichsfreies Städtchen, weist noch beachtliche Stadtmauerfragmente des 14. Jahrhunderts auf, und Beweinung, Kreuzigungsgruppe und Ölberg von St. Laurentius tragen die unverkennbare Handschrift Riemenschneiders; dieses hat seinen Namen der mundartlichen Form von »Krähenbühl« – Bühl bedeutet Hügel – zu verdanken.

Soweit nicht Industriebetriebe, Verwaltungsbauten, Supermärkte, Sporthallen und öffentliche Einrichtungen, deren Nutzen nicht bestritten werden soll, Oberhand gewinnen, werden sich die nach Würzburg eingegliederten Gemeinden, darunter Rottenbauer, Unter- und Oberdürrbach und, begrenzter, Lengfeld ihre dörflichen Akzente mehr oder minder bewahren können. Auch in Versbach gibt es noch den Mittelpunkt von Kirche und Schule, findet man in engen Gäßchen zwischen Bauernhöfen und bodenständigen Handwerksbetrieben allerlei liebenswerte alte Stein- oder Fachwerkhäuser mit teils verwitterten, teils nicht ohne Stolz restaurierten Hausmadonnen und Inschriften, sind Kaufmannsladen und Schusterwerkstatt, Post und Sparkasse, Arzt und Apotheker, Friseur, Bäcker und Metzger noch »um die Ecke« oder »über die Straße« mit ein paar Schritten erreichbar. Gut so.

Würzburgs Glanzpunkte sind noch herauszustellen. Hoch über der Stadt, nicht als unnahbar periphere Sehenswürdigkeit, sondern als zentraler Bestandteil der weinfränkischen Metropole, thront die Festung Marienberg. Sie grüßt schon von weit her, nicht nur dann, wenn sie in Scheinwerferlicht getaucht ist. Zu Fuß ist sie von der Westseite der Alten Mainbrücke in zwanzig Minuten bequem zu erreichen.

Zahlreiche Bischöfe und Festungsbaumeister haben dem Bau ihren Stempel aufgedrückt. Konrad von Querfurt war es, der den Marienberg als Burg zu befestigen begann. 1202 hat man ihn in Domnähe hinterrücks umgebracht. Hermann von Lobdeburg, Otto von Wolfskeel, Rudolf von Scherenberg und Lorenz von Bibra setzten dann fort, erweiterten, verwarfen, fügten hinzu oder gestalteten neu, was ihre Vorgänger begonnen oder vollendet hatten.

Seit 1242 diente die »Burg der heiligen Jungfrau« den Bischöfen als zeitweilige Residenz; von 1253 bis 1719 war sie fast ohne Unterbrechung Sitz eben dieser Bischöfe und Fürstbischöfe, die gelegentlich gut daran taten, sich der Auflehnung oder der Unzufriedenheit des Volkes zu entziehen und Schutz zu suchen hinter den damals unüberwindlichen Festungsmauern.

Viel ist passiert auf der Burg, Wichtiges und Unwichtiges. 1476 wollten mehrere Tausend bewaffnete Wallfahrer, von denen die meisten brennende Kerzen mit sich führten (welch ein Bild!), den »Pauker von Niklashausen«, Hans Böheim, der merkwürdige endzeitliche Vorstellungen mit scharfer Sozialkritik vermengte und so die Massen mobilisierte, aus der Festungshaft befreien, doch gegen die Feuerwaffen der Verteidiger kamen sie nicht an. Dem »Pfeiferhänsle« nützte die Aktion rein gar nichts. Er wurde am Schottenanger verbrannt. Als Ketzer.

1525 versuchten die Bauern mit ihren Heerhaufen vergeblich, den Marienberg zu erstürmen. Der im Eichsfeld geborene und in Osterode im Harz aufgewachsene begnadete Würzburger Steinbildhauer und Holzschnitzer Tilman Riemenschneider hielt es in diesem Konflikt mit den Bürgern, die dem Bischof den Gehorsam aufsagten und sich auf die Seite der Bauern stellten. Er wurde im Randersackerer Turm der Festung Marienberg »peinlich befragt«, »hart gewogen und gemartert«. Daß man ihm die Hände brach, mag aus Gerüchten herrühren, wie sie menschlicher Sensationslust allzugern unreflektiert entspringen. Meister Til, der drei seiner vier Frauen überlebte, war Mitglied des Rates der Stadt, ja, von 1520 bis 1521 sogar Bürgermeister, beaufsichtigte Bauwesen und Fischwasser, verwaltete Steuern und kümmerte sich um die Pflege der Marienkapelle und des Bürgerspitals. Rückblickend ist es nahezu unvorstellbar, was er mit eigenen Händen oder mit Hilfe seiner Gesellen in seiner Werkstatt in der Franziskanergasse an herrlichen Sandstein- und Lindenholzfiguren geschaffen hat. Gedemütigt und wirtschaftlich hart gestraft, geriet der seelisch gebrochene Mann in völlige Vergessenheit. Eine neue Zeit begann. Der Meister der späten Gotik war nicht mehr gefragt. Das war seine eigentliche Tragik. Erst, als man 1822 seinen Grabstein fand, begann man sich seiner wieder zu erinnern. Die größte Sammlung seiner Werke ist im Mainfränkischen Museum auf der Festung Marienberg, einem der schönsten Museen Deutschlands, ausgestellt. Aber auch in der Stadt und im näheren und weiteren Umkreis stößt man immer wieder auf seine einzigartige Schöpferkraft. Und heute widerfährt ihm, den die Renaissance verschmähte, eine Wiedergeburt ohnegleichen. Man muß nur aus der Stadt ein paar Kilometer hinausfahren, um erschüttert vor seinem letzten Werk zu verharren, der Beweinungstafel von Maidbronn.

So, wie sich die Festung Marienberg heute darstellt, präsentiert sie sich im wesentlichen als ein Bauwerk der Echterzeit. Erobert worden ist sie nur einmal, 1631, von den Schweden. Eine mit Gefallenen beladene Zugbrücke konnte nicht mehr hochgezogen werden, und nach der Sprengung des Echtertores, von dem der restaurierte heilige Michael, den Teufel bezwingend, heute auf Scharen interessierter Touristen hinabblickt, fanden die Eroberer im Hof geladene Geschütze vor, die sie nur herumzuwerfen brauchten. Gustav Adolf hat dafür gesorgt, daß der größte Teil der einzigartigen Echterschen Bibliothek nach Uppsala gebracht wurde. Damals verscharrte man im Schatten des Schönborntores die rund siebenhundert Gefallenen beider Seiten.

1719 verlegte Johann Philipp Franz von Schönborn die fürstbischöfliche Residenz in die Stadt, zunächst noch in den Hof Rosenbach. Das »Schloß über den Schlössern« wurde erst ein Vierteljahrhundert später fertiggestellt. An seiner Ausstattung wurde noch jahrzehntelang gearbeitet.

Umwandern muß man sie, die Festung Marienberg. Da reiht sich Panorama an Panorama: der Leistengrund mit Balthasar Neumanns mächtigem »Maschikuliturm«, dessen Name, arabisch französiert, von den als »machicoulis« bezeichneten Pechnasen, sprich Gießlöchern, herrührt, das jenseitige »Käppele«, der Main mit seinen Brücken, die Türme, die Dächer, die Universität am Hubland, der

Heuchelhof, die »Schottenkirche« Don Bosco, St. Gertraud in der Pleich, der »Würzburger Stein« ... Und man muß die Höfe durchstreifen, die ineinander übergehen, vorbei an der alten Pferdeschwemme, am tiefen Halsgraben entlang durch des Scherenbergtor in den inneren Burghof. Da steht die Marienkirche auf den Fundamenten des ältesten Rundkirchbaus östlich des Rheins. In den Fußboden ihres Kuppelraumes sind zwanzig Grabplatten eingelassen. Lange Aufbahrungszeiten der verstorbenen Bischöfe machten es unerläßlich, hier zunächst ihre Eingeweide zu bestatten; ihre Körper wurden im Dom, ihre Herzen zumeist im Kloster Ebrach beigesetzt.

Das Tempelchen neben der Marienkirche verbirgt einen über hundert Meter tiefen, noch heute unbedenklich benutzbaren Brunnen. Der Schwedenkönig hatte ihn einst fest ummauern lassen. Und hinter diesen Mauern schlief das Brunnenhäuschen einen jahrhundertelangen Schlaf. Bei Erneuerungsarbeiten in den dreißiger Jahren kam es zum Vorschein, ein Dornröschen der Renaissance.

Und wenn Tagungs- und Seminarteilnehmer aus den Fenstern des 1982 restaurierten Hofstubenbaus in den inneren Burghof und auf den bis zum obersten Punkt seiner Bekrönung akkurat vierundsiebzig Meter und fünfundsiebzig Zentimeter messenden Bergfried blicken, der vorzeiten Wachtturm, Ge-

fängnis und Zufluchtstätte war, können sie freilich nicht wissen, daß Graf Günther von Schwarzburg, als ihn sein Widersacher Johann von Brunn 1428 durch das Loch im Hochparterre des Turms in das darunterliegende Verlies werfen lassen wollte, in jenem »Angstloch« stecken blieb. Er war schlichtweg zu dick und mußte nach umständlicher Befreiung andernorts eingesperrt werden.

Der Weg vom Westufer des Mains in das Herz der Stadt führt über die Alte Mainbrücke. Unter den zwölf überlebensgroßen Sandsteinfiguren, die sie säumen, befinden sich neben dem irischen Wanderbischof Kilian und seinen Gefährten, deren Martyrium die Christianisierung Frankens einleitete, auch Burkard, der erste Bischof Würzburgs, Karl der Große, und Bischof Bruno, auf dessen Initiative der heutige Dombau zurückgeht. Auf der Mondsichel, sternenüberkränzt, steht Maria, die Patronin Frankens. 1466 wurde hier ein gefürchteter Denunziant namens Hase, Büttel des Schultheißen und obersten Richters der Stadt, vom Henker gefesselt, von der Brücke gestoßen. »Haßen's Badt im Mayn« war nichts anderes als Tod durch Ertränken, kein schöner Tod also, was immer der Zeitgenosse Hase auch verbrochen haben mochte.

Doch gehen wir getrost hinüber! Der charakteristische Grafeneckartturm überragt das historische Rathaus. Dort, im Wenzelsaal, versprach König Wenzel der Stadt einst die Reichsfreiheit. Das war im Jahre 1397. Doch der König, den man den Faulen nannte, hat sein Versprechen nicht gehalten.

Den oberen Markt beherrscht die gotische Marienkapelle mit ihrem prachtvollen, zweiundsiebzig Meter hohen Turm. Riemenschneiders meisterliche Frühwerke – Adam und Eva – flankieren das Südportal. Auch Christus Salvator, die zwölf Apostel und Johannes der Täufer, die von den Pfeilernischen herabblicken, sind Werke Riemenschneiders und seiner Gehilfen. Originale, soweit erhalten, befinden sich im Mainfränkischen Museum. Im Inneren der lichten Hallenkirche steht das Grabdenkmal für Ritter Konrad von Schaumburg. 1499 verstarb er auf einer Wallfahrt ins heilige Land. In seinem Testament hatte er verfügt, daß man ihm ein Denkmal setzen und sein Lieblingsroß dreimal um den Altar der Kapelle führen solle. Der Stadtrat vollstreckte dieses Testament. Und wäre nicht Riemenschneider damals damit beauftragt worden, den »Marschalk« in Sandstein zu hauen, wer weiß, ob man sich seiner überhaupt noch erinnern würde.

Der hohe Dom, der Kiliansdom, äußerlich eher schlicht, doch gewaltig, favorisiert Würzburg als geistlichen Mittelpunkt des katholischen Frankenlandes. Die romanischen Akzente des Salierdomes, der im zweiten Weltkrieg fast vollständig zerstört wurde, sind unverkennbar. Drinnen, in der Kühle des Langhauses, gelten Andacht und Besinnung auch der imposanten Reihe der Bischofsgräber aus der Zeit des 12. Jahrhunderts bis in unsere Tage. Die großartige Darstellung des greisen Bischofs von Scherenberg weist Riemenschneider, den »Zeugen der Seligkeiten«, einmal mehr als überragendes schöpferisches Genie der Spätgotik aus.

Im benachbarten Neumünster – an dieser Stelle wurde der erste Würzburger Dom in Gegenwart Karls des Großen geweiht – liegt die Kiliansgruft, die Grabstätte der Frankenapostel. Nachdem sich der fränkische Herzog Gosbert Ostern 686 hatte bekehren und taufen lassen, ließ die Frau des Frankenfürsten, Gailana, die drei frommen Männer in Abwesenheit ihres Mannes an dieser Stelle ermorden.

Die Reliquien der Märtyrer Kilian, Kolonat und Totnan werden heute im Dom verehrt.

Bis zur ehemals fürstbischöflichen Residenz sind es nur ein paar Schritte. So dicht gedrängt liegt Würzburgs historische und kulturelle Vielfalt beieinander!

Würzburg verdankt das »Schloß über den Schlössern«, den »schönsten Pfarrhof Europas« – 1982 von der UNESCO in die »Liste des Erbes der Welt« eingetragen – der Bauleidenschaft des kunstsinnigen Hauses Schönborn.

Die Schönborns regierten geistliche Fürstentümer, unter anderem auch Bamberg, Mainz, Speyer und Trier, und wären dem Würzburger Fürstbischof Johann Philipp Franz von Schönborn nicht 600 000 Gulden aus einem Unterschlagungsprozeß in den Schoß gefallen, wer weiß, ob er den Anstoß zu diesem unvergleichlichen – aber auch unvergleichlich kostspieligen – Bau überhaupt gegeben hätte. Seinem Gespür für Begabung und Genie des damals noch unbekannten Hofarchitekten Balthasar Neumann ist es zu verdanken, daß er den Zweiunddreißigjährigen mit den Planungen für den Schloßneubau beauftragte. Damit begann die Karriere des größten deutschen Barockbaumeisters.

Balthasar Neumann ist als siebentes von acht Kindern 1687 in Eger getauft worden. Der Glocken- und Geschützgießergeselle fand auf der Wanderschaft eine Heimstatt im Hause Kopp auf dem Würzburger Schottenanger, erwarb den Lehrbrief als »Ernst- und Lustfeuerwerker« und fand im Ingenieurhauptmann und Architekten Andreas Müller einen Lehrmeister, der sein Talent erkannte und ihn zu intensiver Ausbildung drängte. Neumann – Fähnrich, Artilleriemajor und schließlich Oberst – hatte 1717 an der Eroberung Belgrads durch Prinz Eugen teilgenommen. Dann baute er, beraten von französischen, Wiener und Mainzer Architekten, die Würzburger Residenz. Er beaufsichtigte die Festungsbau-

ten der Hochstifte Würzburg und Bamberg, das Kirchenbauwesen beider Bistümer, kümmerte sich um Amts-, Straßen-, Brücken- und Wasserbauten, Schlösser und Gärten und war zwischen Brühl und Meersburg an rund vierzig weiteren Orten tätig. Seine Grabstätte ist in der Würzburger Marienkapelle am Markt.

Sieben Fürstbischöfe waren Bauherren des Jahrhundertwerks der Würzburger Residenz, darunter, um die wichtigsten zu nennen, Friedrich Carl von Schönborn und Carl Philipp von Greiffenclau. Anselm Franz von Ingelheim hatte alchimistische Flausen im Kopf, dachte hauptsächlich ans »Goldmachen«, ließ den Bau verfallen und setzte Neumann sogar ab. Greiffenclau hat den Könner dann unverzüglich wieder mit Ämtern und Würden ausgestattet.

Carl Philipp von Greiffenclau war es auch, der für die Ausmalung des Kaisersaales und des Treppenhauses der Residenz sorgte. Doch das Gartensaalfresko des Süddeutschen Johannes Zick war ihm bei aller Farbenpracht zu derb und zu bäuerlich, als daß er ihm auch die Arbeit im Kaisersaal anvertraut hätte. Kam hinzu, daß er zunächst noch einem Scharlatan aufsaß, einem gewissen Visconti, der sich zur »Malung des großen Saales« verpflichtet, Geld genommen und Plafond nebst Schmalseiten verbergende Tücher geheimnisvoll drapiert hatte. Nur war leider nichts darunter und dahinter. Und so mußte der Welt bester Freskenmaler her, Giovanni Battista Tiepolo aus Venedig. Der schlug einen Auftrag des schwedischen Königs aus und kam 1750, sozusagen mit Mann und Maus, nach Würzburg. Gekostet hat er, nach heutigem Geldwert versteht sich, 1,4 Millionen. Für den Wiederaufbau der Residenz nach dem zweiten Weltkrieg benötigte der Bayerische Staat das rund Dreißigfache.

Doch was hat Tiepolo für sein Salär geschaffen! Nicht nur die herrlichen Fresken im Kaisersaal – die Würzburger Hochzeit Barbarossas mit Beatrix von Burgund und die Belehnung Kaiser Friedrichs I. mit dem Herzogtum Franken –, sondern auch zahlreiche, an Wintertagen angefertigte Gemälde und, etwa in der einzigartigen Hofkirche, Altarbilder, dazu Entwürfe, Skizzen und vieles mehr. Sein nicht allein äußeren Maßen nach größtes Werk jedoch ist der über 600 Quadratmeter weite Freskenhimmel in der freitragenden Wölbung über Balthasar Neumanns nicht minder berühmtem Treppenhaus. Hier hat Tiepolo in einer rund 13 Monate Zeit beanspruchenden Kür die Welt nach seinem Bilde geformt. Und man muß schon, Stufe um Stufe, die wahrhaft fürstliche Treppe hinaufsteigen, um sich, staunend und überwältigt, dieser einmaligen Impression zu versichern und hinzugeben.

Die Residenz ist, zusammen mit der Stadt, am 16. 3. 1945 in Schutt und Asche gesunken. Brandmauern blieben übrig und – kaum faßbar! – die Deckenfresken Zicks und Tiepolos. Neumanns Wölbungen haben unzähligen Brandbomben und der Last glühenden Schutts widerstanden. Zwar waren die Fresken durchfeuchtet, verstaubt und von Pilz befallen (der amerikanische Kunstschutzoffizier John D. Skilton hatte unverzüglich Notdächer installieren lassen), doch brauchten nur dort, wo es erforderlich war, stabilisierende Bindemittel eingespritzt und Reinigungen mit destilliertem Wasser vorgenommen zu werden.

Auf jeder der aus statischen Gründen inzwischen verstärkten Säulen des Vestibüls, die den Treppenaufgang flankieren, lasten 141 000 Kilogramm. Ist es vorstellbar, daß Balthasar Neumann ohne umfangreiche bauaufsichtsamtliche Recherchen Säulendurchmesser höchstpersönlich berechnete, noch dazu mit einem unscheinbaren, winkelförmigen, selbsterfundenen »Instrumentum Architecturae«, das er aus den Kalibermaßstäben der Artillerie entwickelt hatte? Ein Exemplar liegt in einer Glasvitrine des Mainfränkischen Museums.

Zwischen den Putten Johann Peter Wagners im Hofgarten, einem Glanzpunkt der »schönen, prächtigen« Stadt am Main, schwebt Rosenduft, unaufdringlich, aber merkbar. Die Luft flimmert. Und vielleicht ist es gerade ein warmer Juniabend, an dem die Dochte und Pechfackeln im nachtverdunkelten Hofgarten verflackern bei der Musik von Wolfgang Amadeus und dem Schwingenschlag eines dann und wann vom letzten Satz, Köchelverzeichnis fünfhundertfünfundzwanzig, in seiner gewohnten Ruhe irritierten Vogels.

Die Stadt, in der Matthias Grünewald geboren wurde, an deren Universität fünf Nobelpreisträger lehrten – ein weiterer des Jahres 1985 hat hier studiert – und zu deren berühmten Söhnen, neben den bereits genannten, Leonhard Frank und Werner Heisenberg zählen, diese Stadt, die mit dem Titel »Europastadt« ausgezeichnet wurde und die mit Caen, Dundee, Rochester N.Y., Otsu und Salamanca verschwistert ist: War sie einst Tanzsaal des Reiches, ist sie nun eine sonntägliche Stadt, eine Stadt der Stimmungen und der Madonnen, Kronjuwel des Maintals, oder eine Stadt des Lächelns? So jedenfalls sagen es die Dichter.

Und vielleicht muß man eintauchen in dieses Flair, Fluidum und Ambiente, in diese intime Atmosphäre eines überschaubaren Gemeinwesens, in dem Konservatismus und Liberalität keineswegs dissonant zusammenklingen. Hier harmonisiert großes, gewachsenes Selbstverständnis sogar die unvermeidlich provinziellen Akkorde, die fleißig ihre Anteile zur Liebenswürdigkeit der Stadt beisteuern. Und hier verbinden sich auch musische, kunstsinnige, akademische und humane Akzente und bereiten, immer wieder und unverwechselbar, das Feld für fruchtbare Begegnung und Kommunikation.

All das ist erfahrbar und erlebbar. Gewiß, ein wenig Geduld gehört dazu, und das Bereitsein für die Impression Würzburg.

ZEITTAFEL ZUR GESCHICHTE WÜRZBURGS

von Max H. von Freeden

Um 1000 v. Chr.	Keltische Fliehburg auf der Berghöhe über dem Main
Um 500 v. Chr.	Wohl auch Fürstensitz auf dem »Berge« und ein Fischerdorf am Fuße des Berges
Um 100 v. Chr.	Germanische Landnahme
Um 650 n. Chr.	Fränkischer Herzogsitz rechtsmainisch, fränkisches Fischerdorf linksmainisch zu Füßen der »Würzburg«
689	Märtyrertod der Frankenapostel Kilian, Kolonat und Totnan
704	»Castellum Virteburch« erstmals genannt
706	Weihe der Kirche auf der »Würzburg«, dem späteren Marienberg
742	Gründung des Bistums Würzburg durch den hl. Bonifatius; erster Bischof wird der hl. Burkard
788	Erster Dombau, Weihe in Gegenwart Kaiser Karls d. Gr., der auch 787 und 791 hier weilte
855	Dombrand, bald Neubau des Domes am heutigen Platz
Um 1000	Erste Ummauerung der Stadt besteht bereits
1030	Kaiserliches Privileg für den Bischof über Münze und Zoll sowie Märkte belegen die Bedeutung der Stadt
1034–1045	Der hl. Bischof Bruno, Vetter Kaiser Heinrichs III. Er beginnt Neubau des heutigen Domes und weiht 1042 die Burkarduskirche in Gegenwart des Kaisers
1133	Die erste steinerne Mainbrücke
1146	Der hl. Bernhard von Clairvaux in Würzburg
1156	Hochzeit des Kaisers Friedrich Barbarossa mit Beatrix von Burgund in Würzburg
1168	Reichstag des Kaisers Friedrich Barbarossa in Würzburg mit Bestätigung der fränkischen Herzogswürde für den Bischof
1187	Weihe des fertiggestellten Domes
1190	Bischof Spitzenberg, vorher Kanzler Kaiser Barbarossas, stirbt auf einem Kreuzzug; ältestes Bischofsgrabmal im Dom
Um 1200	Vorstädte Sand, Pleich und Haug in die Stadtmauer einbezogen; Würzburg hat etwa 5000 Einwohner
1201	Gründung der Burg auf der zuletzt »Alt-Würzburg«, jetzt »Marienberg« genannten Höhe
1202	Ermordung des Bischofs Querfurt am Bruderhof beim Dom
Um 1230	Walther von der Vogelweide, der im Neumünsterstift lebte, im Lusamgarten begraben
Um 1237	Osttürme des Domes und Neumünsterturm errichtet
1253	Bischof Lobdeburg verlegt seine Residenz aus der Stadt auf die Burg, wo die Bischöfe bis 1720 residieren
1256	Gewählter Stadtrat und Bürgermeister in Würzburg

1262	Der hl. Albertus Magnus in Würzburg
1287	Deutsches Nationalkonzil im Dom
1316	Die Stadt kauft den »Grafeneckart«-Bau als Rathaus
1319	Stiftung des Bürgerspitals zum Hl. Geist
1333–1345	Bischof Otto v. Wolfskeel errichtet Ringmauer um die Burg; bedeutendes Grabmal im Dom
1348	Judenpogrom auf dem späteren Marktplatz
Um 1350	Michael de Leone, Historiker, Dichter, Chronist
1377	Grundstein der Marienkapelle als Bürgerkirche am Markt gelegt
1397	König Wenzel in Würzburg, verspricht die Reichsfreiheit, widerruft aber kurz danach
1400	Vernichtende Niederlage der Bürgerschaft gegen das bischöfliche Heer bei Bergtheim
1402	Gründung der ersten kurzlebigen Universität durch Bischof Egloffstein (bis 1413)
1453	Domkreuzgang vollendet
1466–1495	Fürstbischof Rudolf v. Scherenberg (*1400) rettet das Hochstift aus der Verschuldung; weltberühmtes Grabmahl des greisen Regenten von Riemenschneider im Dom
1481	Erster Buchdrucker in Würzburg
1483	Der Bildhauer Til Riemenschneider kommt nach Würzburg, 1504 Ratsherr, 1521 Bürgermeister, † 7. Juli 1531
1493	Riemenschneiders Adam und Eva vollendet
1495–1519	Fürstbischof Lorenz von Bibra, der feinsinnige Humanist; sein Grabmal von Riemenschneider im Dom
1518	Dr. Martin Luther im Augustinerkloster zu Gast
1525	Bauernkrieg; Würzburg hat etwa 7000 Einwohner
Um 1550	Grumbachsche Händel, Markgräflerkrieg: Plünderung der Stadt
1573–1617	Fürstbischof Julius Echter von Mespelbrunn
1576	Gründung des Juliusspitals
1582	Neugründung der Universität; Gegenreformation
1600	Neuausbau des Schlosses Marienberg
1631	König Gustav Adolf von Schweden erobert Stadt und Marienberg; schwedische Herrschaft bis 1634
1642–1673	Fürstbischof Joh. Phil. v. Schönborn, seit 1647 auch Kurfürst von Mainz
1649	Neubefestigung des Marienbergs mit Bastionen; anschließend Bastionärbefestigung der Stadt auf dem Gelände des heutigen Ringparks

1659	Baumeister Petrini sowie fremde Maler und Bildhauer berufen
1670	Neubau von Stift Haug, Hauptwerk Petrinis
1701–1705	Neuaustattung des Domes mit Stuck von P. Magno
1711	Barockfassade und Kuppelbau von Neumünster begonnen; im folgenden Jahrzehnt Hauptwerke des Baumeisters Greising; St. Peter, Priesterseminar, Rückermaingebäude; Balthasar Neumann kommt als Geschützgießergeselle nach Würzburg
1712	Festlicher Besuch Kaiser Karls VI. in Würzburg
1719–1724	Fürstbischof Joh. Phil. Franz v. Schönborn; Planung und Baubeginn der Residenz durch Neumann
1729–1746	Fürstbischof Friedrich Karl v. Schönborn, Reichsvizekanzler, Hauptbauherr der Residenz; 1744 vollendet; »Schönbornzeit« als Blütezeit Würzburgs und Bambergs
1736	Weihe der Schönbornkapelle von B. Neumann
1745	Besuch des Kaiserpaares Maria Theresia und Franz Stephan. Bedeutender Künstlerhof in Würzburg: Oegg, Byss, Auvera etc.
1749	Neumann baut die Wallfahrtskirche Käppele
1751–1753	Giovanni Battista Tiepolo aus Venedig malt die Residenz-Fresken
1755–1779	Fürstbischof Seinsheim; die Hofgärten in Würzburg und Veitshöchheim entstehen, die Bildhauer Peter Wagner und Ferdinand Tietz schaffen dort ihre Hauptwerke
1773	Mainkranen erbaut
1779–1795	Der volkstümliche Fürstbischof Erthal
1796	Die französische Revolutionsarmee kommt. Erzherzog Karl siegt bei Würzburg
1800	Französische Truppen besetzen nach Übergabe die Festung
1802	Fürstbischof Fechenbach tritt zurück, Würzburg wird bayrisch; Plünderung und Verschleuderung der Kirchenschätze (Säkularisation)
1804	Gründung eines Theaters; Anlage der Pappel-Alleen um die Stadt; Gründung der Musikschule als Vorläufer der heutigen Hochschule für Musik; Berufung Schellings an die Universität
1806	Würzburg wird Residenz des Großherzogs Ferdinand von Toskana; Würzburger Truppen auf allen Schlachtfeldern Napoleons, der 1806, 1812 und 1813 hier weilt
1814	Würzburg wird wieder bayrisch
1815–1825	König Ludwig I. residiert als Kronprinz in Würzburg

1817	Gründung der Schnellpressenfabrik Koenig & Bauer in Oberzell
1821	Prof. Behr, der spätere Freiheitskämpfer, wird Bürgermeister; 1822 gründet er die Sparkasse
Um 1830	Würzburg hat etwa 22 000 Einwohner
1831	Gründung des Historischen Vereins von Unterfranken (heute: »Freunde Mainfr. Kunst u. Geschichte«)
1833	Richard Wagner als Chorrepetitor am Theater
1841	Die Maindampfschiffahrt beginnt
1845	1. deutsches Sängerfest
1848	Erste deutsche Bischofskonferenz
1854	Würzburgs Anschluß an das Eisenbahnnetz
1856	Festungseigenschaft der Stadt wird aufgehoben
Um 1860	hat Würzburg etwa 33 000 Einwohner
1866	Im letzten Krieg zwischen Bayern und Preußen wird das Zeughaus der Festung in Brand geschossen
1871	Die Entfestigung beginnt; Ringparkanlagen (Glacis) auf dem früheren Festungsgelände; bauliche Ausdehnung der Stadt über Ringpark und Bahngleise hinaus
1888	Luitpoldbrücke vollendet, 1945 zerstört; als Friedensbrücke wiedererstellt
1895	Löwen(Ludwigs-)brücke errichtet. Wilhelm Conrad Röntgen entdeckt die nach ihm benannten Strahlen
1896	Neue Universität am Sanderring
Um 1900	hat Würzburg etwa 75 000 Einwohner
1912	Luitpoldkrankenhaus-Komplex der Universität begonnen, seither ständiger Ausbau
1913	Eröffnung des Fränkischen Luitpoldmuseums
1927–1928	Baubeginn der Gartenstadt Keesburg
1930	Eingemeindung der Stadt Heidingsfeld
1934	Würzburg hat 100 000 Einwohner
1945	16. März fast völlige Zerstörung der Stadt durch englischen Fliegerangriff; 5000 Tote, Einwohnerzahl sinkt von 120 000 auf 5000
1947	Eröffnung des Mainfränkischen Museums auf der Festung
1950	1. Mainfrankenmesse
1951	Wiederbeginn der Mozartfeste
1952	1200-Jahr-Feier des Bistums (1942 verboten!)
1954	Rhein-Main-Donau-Schleuse
1956	Würzburg hat wieder 100 000 Einwohner
1959	1. Winzerfest

1963	Eröffnung des Martin-v.-Wagner-Museums	1974	Autobahn Würzburg–Heilbronn(–Stuttgart). Eingemeindung von Rottenbauer
1965	Autobahn Frankfurt–Nürnberg über Würzburg	1976 ff.	Eingemeindungen von Oberdürrbach, Unterdürrbach, Versbach und Lengfeld
1966	Eröffnung des Stadttheaters und der Hochschule für Musik	1981	Fünfzigstes Mozartfest
1967	Wiederaufbau des Doms abgeschlossen, wird wieder Kathedrale	1981	Feierlichkeiten zum 450. Todestag des Bildhauers Tilman Riemenschneider
1968	Vollendung der 4. Mainbrücke (Konrad-Adenauer-Brücke)	1985	Congress-Centrum Würzburg eröffnet
1970	Eröffnung der Städtischen Galerie; Baubeginn der Trabantenstadt Heuchelhof; Beginn des Lehrbetriebs in der neuen Universität am Hubland	1988	Einwohnerzahl 125 683
		1990	Haus des Frankenweins eröffnet
		1990	Landesgartenschau
		1991	60. Würzburger Mozartfest

Hoch über den Dächern und Türmen (St. Michael, Neubaukirche) die Festung Marienberg

*High above the roofs and towers (St. Michael, Neubau Church) the
fortress Marienberg*

*La forteresse Marienberg se dresse sur un paysage de toitures et
tours (église St. Michel, Neubaukirche)*

Alte Mainbrücke, Grafen Eckart, Dom

The Old Main Bridge, Grafen Eckart, cathedral

Le Vieux-Pont, le Grafeneckart, la cathédrale

Wo heute die Burkarduskirche (1042 geweiht) und das ehemalige Frauenzuchthaus (1809–1810) von Peter Speeth steht, befand sich um 650 n. Chr. ein fränkisches Fischerdorf zu Füßen der »Würzburg«.

At around 650 A. D. there was a Franconian fishing-village at the feet of the »Würzburg« where the Burkardus Church (consecrated in 1402) and the former women's penitentiary (1809–1810) by Peter Speeth now stand.

A l'emplacement de l'actuelle église St. Burkard (consacrée en 1042) et de l'ancien pénitencier pour femmes de Peter Speeth (1809–1810) s'étendait en 650 ap. J.-C. un village de pêcheurs franconiens au pied du »Würzburg«.

Pleidenturm, Alter Kranen und Haus des Frankenweins, dahinter die berühmten Weinlagen Würzburgs.

Pleidenturm, Old Crane, and House of Franconian Wine, in the background Würzburg's famous wine locations.

Pleidenturm, Grue Ancienne et Maison des vins de la Franconie se profilent davant les vignobles renommés de Würzburg.

Stufengiebel der Gießhütte des weltberühmten Ignaz Kopp, in der Balthasar Neumann als Geschütz- und Glockengießergeselle arbeitete, daneben die Türme der Don-Bosco-Kirche, früher St.-Jakobs-Kirche, bestimmen seit der Restaurierung wieder die Silhouette des Schottenangers.

The graduated gable from the foundry of the world-famous Ignaz Kopp, where Balthasar Neumann worked as a weapon and bell smith, next door, the towers of the Don-Bosco-Church, formerly St. Jacob's Church once again dominate the Schottenanger's silhouette since its restoration.

Le pignon à escalier de la fonderie du célèbre Ignaz Kopp, où Balthasar Neumann avait travaillé comme apprenti fondeur de cloches et de canons; tout près les tours de l'église Don Bosco, ancienne église St. Jacob, définissent à nouveau, après leur restauration, la silhouette du Schottenanger.

Domstraße mit Grafeneckart und Dom

Dom Street with Grafeneckart and cathedral

La Domstrasse avec le Grafeneckart et la cathédrale

Der Ringpark ist besonders im Herbst malerisch

The Ring Park is especially beautiful in autumn

Le «Ringpark» (Ceinture verte) en automne, lorsqu'il accroche particulièrement l'œil

Klein-Nizza ist die Blumeninsel des Ringparks

"Klein-Nizza" (Little Nice) is the flowering island of the Ring Park

«Klein-Nizza» (Petit-Nice) forme un îlot fleuri au cœur du Ringpark

Der Südflügel der Residenz

The southern wing of the Residenz (prince bishops' palace)

Aile sud de la Résidence

Die Residenz in winterlicher Abendstimmung
S. 37: Poetische Winterimpression

The Residenz in a winter mood at twilight
p. 37: Poetic winter scene

La Résidence sur laquelle tombe un crépuscule hivernal
p. 37: Impression hivernale pleine de poésie

Der Hofgarten hat zu jeder Jahreszeit seine Reize

The Court Garden is charming in any season

Le Jardin de la Résidence (Hofgarten) a des charmes propres à chaque saison

Zartes Herbstlicht sickert durch Bäume auf die Wege
S. 40: Was wäre der Hofgarten ohne seine Putten!

Delicate autumn sunbeams seep through the trees onto the paths
p. 40: What would the Court Garden be without its putti figures!

Une douce lumière automnale, tamisée par les arbres, éclaire les allées
p. 40: Que serait le Jardin de la Résidence sans ses Amours!

S. 42: Die Hofkirche, ein schwingender, klingender Raum
S. 43: Berühmt und einmalig in der Konzeption, das
Treppenhaus von Balthasar Neumann mit dem gewaltigen
Deckenfresko von Tiepolo

p. 42: The Court Chapel with its vibrant, resounding interior
*p. 43: Famous and unique in its planning and design – the Great
Staircase by Balthasar Neumann with the phenomenal frescoes done
by Tiepolo on its ceiling*

*p. 42: L'Eglise de la Cour (Hofkirche), un espace où tout vibre et
résonne*
*p. 43: Célèbre et unique par sa conception, l'escalier de Balthasar
Neumann avec son imposante fresque de plafond, œuvre de Tiepolo*

Residenz, Ostflügel, Hofgartenseite, strahlendes Barock
S. 44: Ein Fest für die Augen: Tiepolos Fresken im Kaisersaal

Residence, eastwing, Hofgarden side, brilliant Baroque
p. 44: A feast for the eyes: Tiepolo's frescoes in the "Kaisersaal"
(Imperial Hall)

La Résidence, aile est, côté parc, baroque éclatant
p. 44: Un délice pour les yeux: les fresques de Tiepolo dans la Salle
de l'Empereur

Nachttheater auf der Brüstung der Kolonnaden vor der Residenz

An evening performance on the balustrade of the colonnades in front of the "Residenz"

Théâtre nocturne sur le parapet de la Galerie des colonnades devant la Résidence

In den Abendhimmel ragen die Silhouetten des Frankoniabrunnens, des Domes und des Turmes der Marienkapelle.

The silhouettes of the Franconia Fountain, the Cathedral and the towers of the "Marienkapelle" loom against the evening sky.

Elancées vers la nuit, les silhouettes de la fontaine Franconia, la cathédrale et la flèche de la «Marienkapelle», à l'heure du crépuscule.

Die Gemäldegalerie des Martin-von-Wagner-Museums zeigt Skulptur und Malerei des 14.–19. Jahrhunderts. Abgebildet hier das Martyrium der Frankenapostel Kilian, Kolonat und Totnan.

Paintings und sculptures from the 14th to the 19th century can be seen in the Picture Gallery of the Martin-von-Wagner-Museum. Shown here – the martyrdom of the Franconian apostles.

La Galerie des tableaux dans le «Martin-von-Wagner-Museum» abrite des chefs-d'œuvre de sculpture et peinture allant du 14ᵉ au 19ᵉ siècle. Cette photo représente le martyre des apôtres franconiens.

Das Mainfränkische Museum besitzt die bedeutendste
Sammlung fränkischer Kunstwerke. Abgebildet hier:
Hl. Nikolaus von Tilman Riemenschneider, Tympanonfeld mit
thronender Maria, Würzburg 1210, und Detail einer Figur aus
dem Veitshöchheimer Hofgarten von Ferdinand Tietz

*The Main-Franconian Museum owns the most significant collection
of Franconian works of art. Shown here – St. Nikolas by Tilman
Riemenschneider, a tympanum showing the Blessed Virgin seated on a
throne (Würzburg in 1210) and the detail of a sculpture by Ferdinand
Tietz taken from the Court Garden in Veitshöchheim*

*Le «Mainfränkisches Museum» (musée de la Franconie du Main)
possède la plus importante collection de chefs-d'œuvre franconiens.
Représentés ici: Saint Nicolas de Tilman Riemenschneider, un tympan
où figure la Vierge sur un throne (Würzburg 1210) et le détail d'une
statue du parc de Veitshöchheim de Ferdinand Tietz*

Im Lusamgarten das Grabdenkmal von Walther von der Vogelweide und der romanische Kreuzgang: Eine Insel der Stille und Beschaulichkeit

The "Lusam Garden" with the tombstone of Walther von der Vogelweide who is said to be buried here and the Romanesque arcade arches: an oasis of silence and contemplation

Dans le «Jardin Lusam», le monument funéraire de Walther von der Vogelweide et le cloître roman: un îlot de paix et de contemplation

Der Dom St. Kilian aus der Zeit der salischen Kaiser mit den eleganten Türmen des 13. Jahrhunderts im herbstlichen Abendlicht. Romanik, Gotik, Barock und Moderne prägen heute den Dom.
S. 52: Kreuzigung am Taufbecken aus dem 13. Jahrhundert
S. 53: Das Grabmal für den Fürstbischof Rudolf II. von Scherenberg (geb. 1401/02, gest. 1495), geschaffen von Tilman Riemenschneider, ist ein eindrucksvolles Bildwerk eines vom Leben gezeichneten Greises.

The Cathedral of St. Kilian dating from the time of the Salic emperors with its elegant towers from the 13th century as seen in the light of an autumn evening. The Romanesque, Gothic, Baroque and Modern styles determine the Cathedral's present day appearance

p. 52: The Crucifixion as depicted on the baptismal font dating from the 13th century
p. 53: The tombstone of Prince Bishop Rudolf II von Scherenberg (born 1401/02, died 1495) created by Tilman Riemenschneider is an impressive work of art depicting an aged man whose face bears the traces of a long life

Datant des empereurs saliques, la cathédrale Saint-Kilian, avec ses élégantes tours du 13ᵉ, par un soir d'automne. Empreintes romanes, gothiques, baroques et modernes
p. 52: Crucifixion sur fonts baptismaux (du 13ᵉ siècle)
p. 53: Le tombeau du prince Rudolf von Scherenberg (1401/2–1495†) œuvre de Tilman Riemenschneider, est un portrait impressionnant d'un vieillard marqué par la vie.

Im Stil des italienischen Hochbarocks stuckierte 1701–1704 Giovanni Pietro Francesco Magno aus Mailand den Innenraum des Domes.
S. 56: Balthasar Neumanns Schönbornkapelle, die barocke Kuppel und der romanische Turm vom Neumünster bilden einen besonders schönen Würzburger Dreiklang.
S. 57: Am Ende dämmriger Gasse strahlt die prachtvolle Fassade des Neumünsters, die Johann Dientzenhofer und Josef Greising (1710–1716) schufen.

From 1701 to 1704 Giovanni Pietro Francesco Magno from Milan decorated the interior of the cathedral with stucco in the magnificent High Baroque style

p. 56: Balthasar Neumann's Schönborn Chapel, the Baroque dome and Romanesque tower of the Neumünster (New Minster) Church form an especially beautiful Würzbug triad
p. 57: At the end of a dim alley the radiance of the magnificent façade of the Neumünster church created by Johann Dientzenhofer and Josef Greising (1710–1716)

Dans le style du haut-baroque italien, Giovanni Pietro Francesco Magno de Milan orna de stucs l'intérieur de la cathédrale (1701–1704)
p. 56: La chapelle des Schönborn de Balthasar Neumann, la coupole baroque et la tour romane de l'église Neumünster forment un triple accord particulièrement réussi
p. 57: La somptueuse façade lumineuse du Neumünster, œuvre de Johann Dientzhofer et Josef Greising (1710–1716) apparaît à l'extrémité d'une ruelle sombre

Das realistische Kruzifix im Neumünster, gelegentlich Veit Stoß zugeschrieben, wird oft von stillen Besuchern verehrt. S. 59: Würzburg wird die Stadt der Madonnen genannt. Im südlichen Nebenchor des Neumünsters leuchtet im Schein vieler Kerzen Maria mit dem Jesusknaben (um 1475).

The realistic crucifix in the Neumünster church, sometimes attributed to Veit Stoß, is often revered by silent visitors to the church.

p. 59: Würzburg is called the town of the Madonnas. In the right-hand choir of the Neumünster church the Virgin Mary and the Christchild (about 1475) glow in the light of the many candles to be found there.

Il arrive souvent que des visiteurs admiratifs se recueillent dans le Neumünster devant ce crucifix réaliste, attribué occasionnellement à Veit Stoß.
p. 59: Würzburg est appelée la ville des madones. Dans le chœur latéral sud du Neumünster, cette Vierge à l'Enfant resplendit à la lumière de nombreuses bougies (vers 1475).

Turm der Michaelskirche und Festung im Sonnenuntergang
S. 60: Der Turm des Neumünsters ist ein Schmuckstück
spätromanischer Architektur.

*The tower of the Michaelskirche (St. Michael's Church) and the
Fortress at sunset*
*p. 60: The tower of the Neumünster church is a gem of late
Romanesque architecture.*

Tour de l'église St Michael et forteresse au crépuscule
*p. 60: La tour du Neumünster est un joyau de l'architecutre romane
tardive.*

Die Neubaukirche (1591 von Bischof Echter geweiht) ist eine der wenigen Kirchenbauten der deutschen Renaissance und fesselt vor allem durch ihre Wandgliederung.

The Neubau church (consecrated by Bishop Echter in 1591) is one of the few great churches of the German Renaissance and is especially interesting because of the structuring of its walls.

La Neubaukirche (consacrée en 1591 par l'évêque Echter) est l'une des rares églises de la Renaissance allemande et fascine surtout par la composition architecturale de ses murs.

Seit der Restaurie-
rung 1990/91 ist die
neuromanische
Adalberokirche
(1886–1899) ein
Schmuckstück der
Sanderau.

*The new romanic
Adalbero Church
(1886–1899) has been
the jewel of the
Sanderau since its
restoration in 1990/91.*

*Depuis sa restauration
(1990/91), l'église Adal-
bero de style néo-roman
est la parure du
Sanderau.*

In der Peterskirche befindet sich Johann Wolfgang van der Auveras prunkvolle Kanzel – ein Hauptwerk des Rokoko.

In the Church of St. Peter one can find a fantastic pulpit by Auvera – a major work of the Rococo period.

Dans l'église Saint-Pierre (Peterskirche) se trouve la somptueuse chaire de Johann Wolfgang van der Auvera, une œuvre capitale du Rococo.

Die prächtige Stuckdekoration des Falkenhauses mit Madonna ist eine der bedeutendsten Leistungen des bürgerlichen Rokoko in Süddeutschland.
S. 66: Das Falkenhaus mit der Rokokofassade und die gotische Marienkapelle, ein besonderes Ensemble in Würzburg

The magnificent stucco decorations and the Madonna of the "Falkenhaus" are among the most important achievements of Rococo art for and by townspeople in southern Germany

p. 66: The "Falkenhaus" (Falcon House) with its Rococo façade and the Gothic "Marienkapelle" are a noteworthy ensemble in Würzburg

La prestigieuse façade de la «Falkenhaus» riche en stucs et ornée d'une madone est l'une des plus importantes réalisations du rococo bourgeois
p. 66: La Falkenhaus (Maison au Faucon) et la «Marienkapelle» de style gothique, un ensemble particulièrement remarquable

Dreiklangkomposition: Chor, Turm der Marienkapelle und Giebel Falkenhof.
S. 68: Auf dem Marktplatz, zwischen den Verkaufsständen steht der klassizistische Marktbrunnen mit den Reliefs der vier Jahreszeiten von Martin Wagner.
S. 70: Die Marienkapelle ist eine der schönsten gotischen Hallenkirchen Frankens.
S. 71: Marktplatz und Marienkapelle

Composition in three tones: Choir, Marien Chapel's tower, and Falkenhof's gable.
p. 68: In the Market Square between the market stalls stands the Neo-classical Market Fountain with its reliefs of the four seasons created by Martin Wagner.

p. 70: The Marienkapelle is one of the most beautiful late Gothic courclies (perpendicular style) to be found in Franconia.
p. 71: The Market Square and the Marienkapelle

Un triple harmonie de composition: le chœur, la tour de la Marien-kapelle, le fronton du Falkenhof.
p. 68: Une fontaine néo-classique ornée de reliefs des quatre saisons (œuvre de Martin Wagner) se dresse entre les étals de la Place du Marché.
p. 70: La Marienkapelle est l'une des plus belles églises gothiques de Franconie.
p. 71: Impressions autour du marché et de la «Marienkapelle»

Im Tympanon des Südportals der Kapelle ist die Krönung Mariens dargestellt, flankiert von den Heiligen Barbara und Katharina (um 1430).

In the tympanum above the southern portal of the Chapel the Coronation of the Blessed Virgin flanked by St. Barbara and St. Catherine (about 1430).

Le tympan du portail sud de l'église représente le couronnement de la Vierge encadrée de Sainte Barbara et Sainte Katharina (vers 1430).

Die Marienkapelle birgt viele Grabmäler des Adels; links das ausdrucksstarke Denkmal Konrads von Schaumberg, geschaffen von Tilman Riemenschneider; rechts Ritter Jörg Schrimpf, †19. 1. 1556, ein Werk Peter Dells d. J.

The Marienkapelle contains many tombstones of the nobility; on the left – the epitaph of Konrad von Schaumberg created by Tilman Riemenschneider; on the right – the epitaph of the knight Jörg Schrimpf (who died Jan. 19, 1556) created by Peter Dells the Younger

La «Marienkapelle» recèle de nombreux tombeaux de nobles; à gauche le monument funéraire, très expressif, de Konrad von Schaumberg, œuvre de Tilman Riemenschneider; à droite le chevalier Jörg Schrimpf, 19. 1. 1556†, de Peter Dell le Jeune

Weihnachtsmarkt an der Marienkapelle

Christmas market at the Marien Chapel

La foire de Noël autour de la Marienkapelle

Warm fällt das Licht aus den Butzenscheiben des ältesten Würzburger Gasthauses »Zum Stachel« und lädt zum Eintreten ein.

The warm glow of the light shining out through the bull's-eye window panes of Würzburg's oldest inn "Zum Stachel" invites the passers-by to stop in.

Une chaude lumière traverse les vitres en culs de bouteille de la plus ancienne taverne de Würzburg, le «Stachel» et invite à y entrer.

Ein für Würzburg charakteristischer Hof ist der »Fichtelhof«, dessen Fassade 1724 unter Beteiligung Lukas von Hildebrandts mit stuckierten Fensterumrahmungen und dem geschwungenen Portal geschaffen wurde.

The "Fichtel Hof" is a typical Würzburg town house whose façade was enhanced in 1724 by stucco work round the windows and by a curved doorway – the work of Lukas von Hildebrandt.

Le «Fichtelhof», bâtiment caractéristique pour Würzburg, dont la façade aux fenêtres ornées de stucs et au portail arqué fut réalisée en 1724 par Lukas von Hildebrandt.

Fischmarkt unter
dem Fischerbrunnen

*Fish market below the
Fisherman's Fountain*

*Le marché aux poissons
près de la fontaine
Fischerbrunnen*

77

Skurriles Ensemble
in einem Pleicher
Hinterhof

A rather bizarre ensemble found in a backyard of the "Pleich" district

Curieux ensemble dans une cour de la Pleich

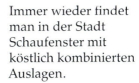

Immer wieder findet
man in der Stadt
Schaufenster mit
köstlich kombinierten
Auslagen.

*Time and again delight-
fully combined displays
can be found in the shop
windows of the town.*

*On ne cesse de décou-
vrir en ville des étalages
dont la composition fait
sourire.*

Fürstenbau des Juliusspitals von Petrini um 1700. Im Park des Juliusspitals befindet sich einer der schönsten und ältesten Barockbrunnen Würzburgs, der Vierströmebrunnen. Ihn schuf um 1706 Jakob van der Auvera

The "Fürstenbau" (Princes' Wing) of the Juliusspital was built by Petrini about 1700. One of the oldest and most beautiful Baroque fountains in Würzburg, the "Vierströmebrunnen" (Four Rivers Fountain) created by Jakob van der Auvera about 1706 can be found in the garden of the "Juliusspital"

Bâtiment des princes au Juliusspital construit par Petrini vers 1700. Dans le parc du Juliusspital se trouve l'une des plus belles et plus anciennes fontaines baroques de Würzburg, la fontaine des Quatre Courants, œuvre de Jakob van der Auvera, réalisée vers 1706.

Congress-Centrum
S. 83 oben: Von der Friedensbrücke aus hat man einen wunderbaren Blick auf die Würzburger Turmkrone: Marienkapelle, Neumünster und Dom.
unten: Von der Pleich stößt man auf den Main. Hier im Bild eine surrealistische Tür, die ins Wasser führt.

The Congress-Centre
p. 83 top: You have a wonderful view of Würzburg's tower crown from the Frieden Bridge: Marien Chapel, Neu Munster and cathedral.

bottom: On leaving the "Pleich" district one runs into the River Main. Pictured here – a surrealistic door leading into the water

Le Palais des Congrès
p. 83: en haut: Du Friedensbrücke, vue splendide sur la couronne de tours de la Marienkapelle, du Neumünster et de la cathédrale.
en bas: En partant de la Pleich, on débouche sur le Main. Voici une porte surréaliste qui mène au fleuve.

Stift Haug, geschaffen von A. Petrini, bildet einen besonderen Akzent im Stadtbild.
S. 85: Friedhofsimpressionen

The Stift Haug church, built by Antonio Petrini, is a special feature of the town.
p. 85: Impressions gained at a cemetery

Stift Haug (ancienne collégiale), œuvre de A. Petrini, un des points de mire de la ville.
p. 85: Impressions recueillies dans un cimetière

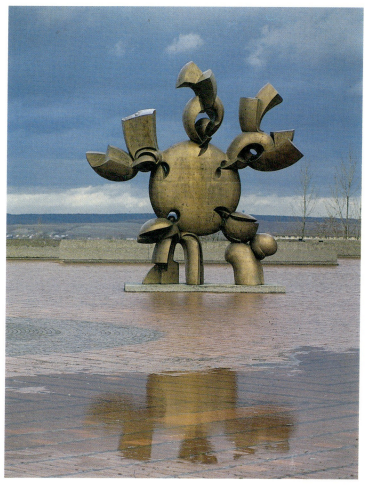

Die Hubland-Universität, erbaut 1966 nach Plänen von Frhr. von Branca; davor die große Plastik »Sonnenzeichen« von Max Walter (1983)

The large sculpture "Sonnenzeichen" (Solar Symbols) created by Max Walter (1983) stands in front of the Hubland University which was built in 1966 according to plans by Freiherr von Branca

L'université au Hubland, construite en 1966 d'après les plans du baron de Branca. Devant la façade, une création plastique appelée «Sonnenzeichen» (Signes du soleil) de Max Walter (1983)

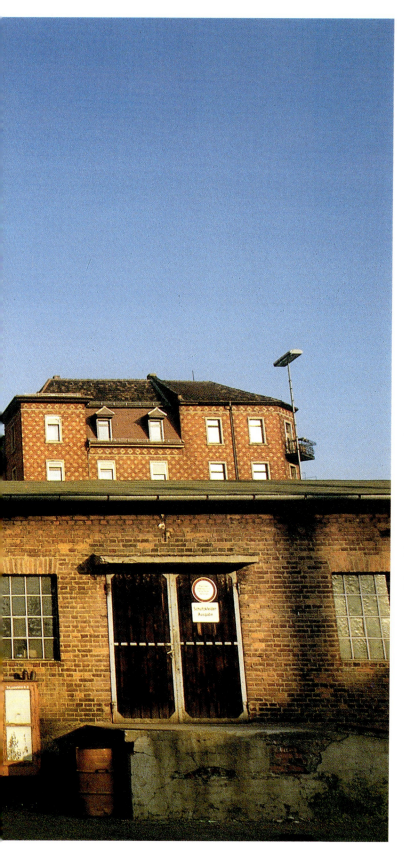

Nach Entfestigung entwickelten sich rasch neue Stadtviertel. So erbaute man jenseits der Bahnlinie nach Nürnberg 1867 die ersten Häuser von Grombühl, in denen vor allem Beschäftigte der Eisenbahn unterkamen. Der Europastern ist ein wichtiger Straßenknotenpunkt der Stadt.

New town districts developed rapidly after the defortification. The first houses were built in Grombühl in 1867. The "Europastern" is one of the most important junctions of the town.

Après la suppression des fortifications, de nouveaux quartiers purent s'étendre rapidement. C'est ainsi qu'on construisit en 1867 les premières maisons de Grombühl. L'«Europastern» (en forme d'étoile) est l'un des nœuds routiers les plus importants de la ville.

In den neuen Außenvierteln der Stadt entstanden im
19. Jahrhundert Prachtvillen mit reichen Verzierungen

*In the new outskirts of the town magnificent richly-decorated villas
were built in the 19th century*

*De somptueuses villas richement ornées firent leur apparition au 19ᵉ
dans les nouveaux quartiers périphériques de la ville*

Die Industriekultur entwickelte sich im 19. Jahrhundert außerhalb der Altstadt. Heute spiegelt sich im Main eine Silhouette rationaler Formen am neuen Hafen

Industrial complexes in the 19th century developed outside of the old part of the town. Nowadays a silhouette consisting of very rational shapes is reflected in the waters of the River Main – a scene from the "Neue Hafen" (new docks)

L'industrie se développa au 19ᵉ siècle à l'extérieur de la Vieille Ville. C'est une silhouette aux formes rationelles qui se mire aujourd'hui dans les eaux du Main

Das Sommerschlößchen der Würzburger Fürstbischöfe in
Veitshöchheim wurde 1752 von Balthasar Neumann neu
gestaltet und liegt in einem bezaubernden Rokokogarten mit
Plastiken von Ferdinand Tietz, Johann Peter Wagner und
Johann Wolfgang van der Auvera

The summer residence of Würzburg's prince bishops in Veitshöchheim was rebuilt by Balthasar Neumann in 1752. It is situated within a charming Rococo garden with statues by Ferdinand Tietz, Johann Peter Wagner and Johann Wolfgang van der Auvera

La résidence d'été des princes-évêques de Würzburg à Veitshöchheim fut construite en 1752 par Balthasar Neumann et se dresse au cœur d'un charmant parc rococo animé des sculptures de Ferdinand Tietz, Johann Peter Wagner et Johann Wolfgang van der Auvera

Rechts: In Heidingsfeld ist trotz verheerender Zerstörungen im Zweiten Weltkrieg noch ein Großteil der alten Stadtmauer erhalten geblieben.

Als 1642 die Juden das Recht verloren, in Würzburg zu wohnen und sich nur zu Handelszwecken für einige Stunden am Tag, nach Entrichtung einer Körpersteuer, in der Stadt aufhalten durften, zogen sie in benachbarte Orte, besonders nach Heidingsfeld. Der Judenfriedhof ist heute noch altes Zeugnis der Judengemeinde.

right: In spite of the terrible destruction which took place in World War II a large part of the old town wall remained intact in Heidingsfeld.
When in 1642 the Jews lost their right to live in Würzburg and were allowed back into the town for just a few hours a day in order to do business only after paying a special tax they moved to neighbouring towns, especially Heidingsfeld. The old Jewish cemetery bears witness to the former Jewish community to this very day.

à droite: Heidingsfeld possède encore malgré les ravages de la Deuxième Guerre Mondiale une grand partie de ses remparts. Lorsque les Juifs perdirent le droit de résider à Würzburg (1642) et ne se virent plus attribuer que le droit de pénétrer en ville pour quelques heures seulement – après avoir versé un impôt sur leur personne – ils se fixèrent dans des localités voisines, en particulier à Heidingsfeld. Le cimetiére juif reste un témoignage actuel de l'ancienne communauté juive.

Nebelstimmungen am Main vor der alten Mainbrücke

A foggy mood along the Main River near the Old Main Bridge

Les bords du Main sous la brume, à la hauteur du Vieux Pont

Würzburg macht Spaß: Straßenmusiker am Marktplatz,
Pflastermaler in der Domstraße.
Wasserspiele am Sternplatz; am Salamanca-Stier von
R. Dachlauer tummeln sich immer wieder gerne Kinder.

*Würzburg is fun: Street musicians in the market place, pavement
painters in the Dom Street.*
*Fountain at Stern Place; children always enjoy frolicking by the
Salamanca bull by R. Dachlauer.*

*Divertissements à Würzburg: musiciens ambulants sur la place du
marché, peintres sur les trottoirs de la Domstrasse.*
*Jeux d'eau de la Sternplatz; le taureau de Salamanque de
R. Dachlauer, pour le plaisir des enfants qui le montent.*

Nach der alljähr-
lichen Kreuzberg-
wallfahrt wird auf
der Semmelstraße
mit den Heimkeh-
rern tüchtig gefei-
ert.

After the pilgrimage
to the "Kreuzberg"
which takes place
every year there is
a celebration with
the returning pil-
grims in the Sem-
melstraße.

Tous les ans, la
Semmelstraße, fête
le retour des péle-
rins du Kreuzberg.

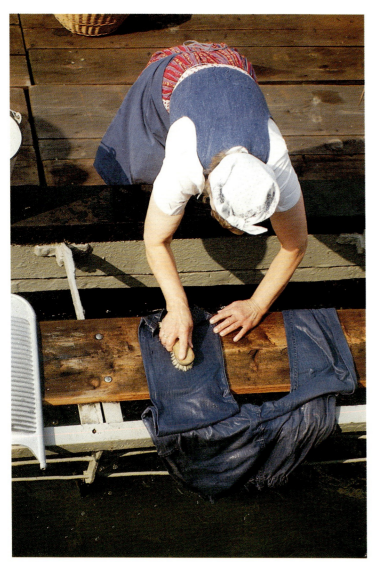

Beim Kranenfest zeigt man auf alten Waschbooten, wie man
vor Zeiten auf dem Main die Wäsche wusch. Vom Alten Kranen
herunter schauen die Tauben dem Festtreiben zu

At the Old Crane Festival: a demonstration on board the old washing-boats of how the laundry was done on the Main River in former times. The pigeons watch the festivities from their perches on the Old Crane

Cette fête près de la Grue Ancienne (Alter Kranen) permet de voir comment on faisait autrefois la lessive au bord du Main, sur de vieux bateaux-lavoirs. Perchés sur la Grue, les pigeons observent les festivités

Würzburger Madonnen: Trauernde Maria, Gotisches Wand-
gemälde (1380/90) Dom; Schmerzhafte Mutter, Vesperbild,
um 1410, Dom; Madonna mit Kind aus der Werkstatt Tilman
Riemenschneiders um 1515, Dom;
Maria und Jesuskind mit Weintraube, spätgotisch, in der
Barockzeit überarbeitet, Stift Haug.

Würzburg's Madonnas: Grieving Maria, Gothic mural (1380/90), cathedral; Pained Mother, pietà, around 1410, cathedral; Madonna with Child from Tilman Riemenschneider's shop from around 1515, cathedral;
Maria and the young Jesus with grapes, late Gothic, restored during the Baroque Period, Stift Haug.

Madones de Würzburg: la vierge affligée, peinture murale gothique (1380/90), cathédrale; la vierge aux douleurs, tableau des vêpres, vers 1410, cathédrale; madone avec enfant, de l'atelier de Riemenschneider, vers 1515, cathédrale;
Marie et l'enfant Jesus avec grappe de raisins, gothique tardif, modifié à l'époque baroque, Stift Haug.

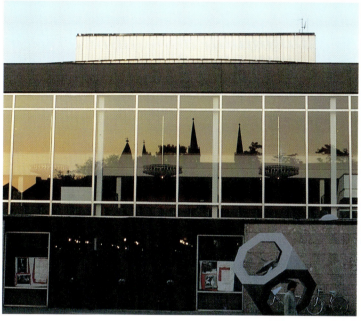

Herbstlicher Sonnenuntergang über Würzburg; in der
Glasfassade des Theaters spiegeln sich dabei die Domtürme.

*Autumnal sunset over Würzburg. The towers of the Cathedral are
thereby reflected in the glass façade of the Municipal Theatre.*

*Coucher de soleil automnal sur Würzburg. Les flèches de la cathédrale
se reflètent dans la façade vitrée du théâtre.*

Italienisch mutet der Blick von der Löwenbrücke zur Reurer-kirche des Karmelitenklosters und Peter und Paul an, erbaut von Antonio Petrini ab 1696.
S. 108: Beim Sonnenaufgang zeichnen sich die Silhouetten des Grafeneckart und des Domes gegen den erhellten Himmel ab.

The view from the Löwen Bridge over to the Reurer Church of the Carmelitian cloister and Peter and Paul looks almost Italian, built from Antonio Petrini as of 1696.

p. 108: At sunrise the "Grafeneckart" and the Cathedral are silhouetted against the brightening sky.

C'est à l'Italie qu'on pense, en admirant du Löwenbrücke (pont aux lions) la Reurerkirche (église des pénitents) du cloître des carmélites et l'église Pierre et Paul construites par Antonio Petrini à partir de 1696.
p. 108: Les silhouettes du Grafeneckart et de la cathédrale se détachent du ciel au soleil levant.

S. 112: Die Festung Marienberg, hoch über der Stadt
S. 113 oben links: der »Randersackerer Turm« oder »Sonnenturm« genannt, wurde 1308 erbaut.
oben rechts: Ausschnitt aus dem Scherenbergtor mit Madonna und den Frankenaposteln Kilian, Kolonat und Totnan.
unten links: Altes Schloß am Burgtor
unten rechts: Im inneren Burghof die Marienkirche und das Brunnenhaus
S. 114: Der von Balthasar Neumann 1724 erbaute Maschikuliturm über dem Leistengrund
S. 115: Gotischer Mauerring und Scherenbergtor

p. 112: The Marienberg Fortress high above the town
p. 113 top left: The "Randersackerer Turm"
(Randersacker Tower) also called the Sun Tower was built in 1308.
top right: Detail of the Scherenberg Gate with the Blessed Virgin

and the three Franconian apostles – Kilian, Kolonat and Totnan.
bottom left: Old lock on one of the fortress gates
p. 114: The Maschikuli Tower located above the Leistungsgrund was built by Balthasar Neumann in 1724
p. 115: Gothic wall and the Scherenberg Gate

p. 112: La forteresse Marienberg qui domine la ville
p. 113 en haut à gauche: La Tour de Randersacker nommée aussi «Tour du Soleil» qui fut construite en 1308.
En haut à droite: Détail de la porte Scherenberg ornée d'une madonne et des apôtres de Franconie, Kilian, Kolonat et Totnan.
En bas à gauche: Vieille serrure à l'une des portes de la forteresse à droite: Dans la cour intérieure du château, la Marienkirche et la fontaine.
p. 114: Cette tour à machicoulis dans le Leistengrund fut construite en 1724 par Balthasar Neumann.
p. 115: Rempart gothique et porte Scherenberg

Herbst- und Winterstimmung am Burggraben

Autumnal and winter moods along the Burggraben-moat

Atmosphère automnale et hivernale au Burggraben

Das Echtertor im Würzburger Echterstil wurde von Michael Kern (1580–1649) geschaffen

The Echter Gate was made according to the Echter-style by Michael Kern (1580–1649)

La porte Echter dans le style Echter de Würzburg fut réalisée par Michael Kern (1580–1649)

Winternacht auf der Festung

Winternight in the fortress

Nuit d'hiver sur la fortresse

Landesgartenschau an der Festung, Japanischer Garten

Bavarian State Garden and Flower Show at the fortress, Japanese Garden

Exposition floralies au pied de la forteresse, jardin japonais

Tief unterhalb der Festung liegt der Leistengrund, malerisch im Herbst, beschaulich still im Winter

Far below the Fortress lies the Leistengrund – picturesque in autumn, peacefully quiet in winter

Au pied de la forteresse, le Leistengrund, un fossé pittoresque en automne, paisible et effacé en hiver

Im duftigen Herbstlicht das Käppele, eine Wallfahrtskirche mit einer schlichten Pietà des 17. Jahrhunderts als Gnadenbild

The "Käppele" (Little Chapel) is a pilgrimage chapel with a simple pietà from the 17th century – the pilgrimage miracle image

La «Käppele» sous une lumière automnale, une église de pélerinage où se trouve la Vierge miraculeuse, une sobre Pietà du 17ᵉ siècle

links: Im mystischen Dunkel die schwarze Madonna, umrahmt von zahlreichen Votivbildern
rechts: Der klassizistische Hochaltar, 1799 von Georg Winterstein geschaffen

left: In the mystical darkness – the black Madonna surrounded by numerous votive pictures
right: The Neo-classical high altar created by Georg Winterstein in 1799

à gauche: Dans l'obscurité mystique, la madone noire entourée de nombreux ex-voto
à droite: Maître-autel néo-classique, œuvre réalisée en 1799 par Georg Winterstein

Der Herbst verzaubert den Wald der Frankenwarte

Enchanting transformation of the woods up on the «Frankenwarte»
(Franconian Observation Point) in autumn

L'automne jette son charme sur la forêt de la Frankenwarte

Am frühen Morgen sucht ein Kapuziner Holz für den Winter.
S. 126/127: Käppele, Festung Marienberg, Main, ein Gemälde voll Harmonie

In the early hours of the morning a Capuchin monk collects firewood.

p. 126/127: The "Käppele", Marienberg Fortress and Main River make up a harmonious picture

Un Capucin qui dès l'aube cherche du bois.
p. 126/127: «Käppele», forteresse Marienberg, Main, un tableau harmonieux

Weithin grüßt das Käppele auf dem Nikolausberg

The "Käppele" (Little Chapel) on top of the "Nikolausberg" (Nikolaus Hill) greets far off

La «Käppele» se dresse au loin sur le «Nikolausberg» d'où elle sal visiteur

CHRONOLOGICAL SURVEY OF WÜRZBURG'S HISTORY

About 1000 BC	Celtic refuge on the top of the hill above the Main
About 500 BC	Probably prince's residence on the hill and a fishing village at the foot of the hill
About 100 BC	Germanic conquest
About 650 AD	Franconian ducal residence on the right bank of the Main and a fishing village on the left bank
689	Franconian apostles, Kilian, Kolonat and Totnan, suffer martyrs' deaths
704	First record of »Castellum Virteburch«
742	Foundation of the diocese of Würzburg by St Boniface; St Burkard becomes the first bishop
788	First cathedral built, probably on the site of present Neumünster, dedicated in presence of Charlemagne, who was also here in 787 and 791
855	Cathedral fire. Cathedral soon rebuilt on its present site
About 1000	First wall encircles the town
1030	The importance of the town is underlined by the granting of rights to mint coins, levy customs duty and hold markets
1034–1035	Bishop St Bruno, cousin of Emperor Henry III, begins reconstruction of cathedral and consecrates St Burkard church
1133	First stone bridge built over river Main
1146	St Bernhard of Clairvaux in Würzburg
1156	Marriage of Emperor Friedrich Barbarossa to Beatrice of Burgundy in Würzburg
1168	Imperial diet of Friedrich Barbarossa in Würzburg and bestowal of a dukedom on the bishop
1187	Completed cathedral consecrated
1190	Bishop Spitzenberg, previously Emperor Barbarossa's chancellor, dies on a crusade. Oldest bishop's tombstone in cathedral
About 1200	Villages of Sand, Pleich and Haug are enclosed by the new town wall. Würzburg has some 5,000 inhabitants
1201	Foundation of a castle on the hill previously known as »Old Würzburg«, now Marienberg
1202	Murder of Bishop Querfurt at Bruderhof, near cathedral
About 1230	Walther von der Vogelweide who lived in Neumünster foundation was buried there in Lusam garden
About 1237	Eastern towers of cathedral and tower of Neumünster church built
1253	Bishop Lobdeburg moves his residence from town to the castle where the bishops resided until 1720
1256	Elected Town Council and Mayor in Würzburg
1262	Venerable Albertus Magnus in Würzburg
1287	German National Eccl. Council in cathedral

1316	Town acquires »Grafeneckart« building as Town Hall	1576	Foundation of Juliusspital
1319	Foundation of »Bürgerspital zum Hl. Geist«	1582	University re-established Counter-reformation
1333–1345	Bishop Otto von Wolfskeel erects wall round castle. His fine tombstone in cathedral	1600	Marienberg castle extended
		1631	King Gustav Adolf of Sweden conquers the town and Marienberg. Swedish rule until 1634
1348	Pogrom of Jews on what was later market square	1642–1673	Prince Bishop Joh. Phil. von Schönborn, also Elector of Mainz from 1647
About 1350	Michael de Leone, poet, chronicler, historian	1649	New fortification of Marienberg with bulwarks; subsequent bulwark fortification of town on site of present ring park
1377	Foundation stone laid for Marienkapelle, the church for the citizens, in market square	1670	Stift Haug Church, is rebuilt, main work of Petrini
1397	King Wenceslas in Würzburg promises to make it a free town but later retracts	1701–1705	Cathedral redecorated with stucco by P. Magno
1400	Crushing defeat of townspeople against bishop's forces near Bergtheim	1711	Construction of Baroque façade and dome of Neumünster begins. During the next decade main works of architect Greising: St Peter's church, priests' seminary, Rükkermain palace. Balthasar Neumann comes to Würzburg as a journeyman bell-founder
1402	Foundation of first, shortlived university of Bishop Egloffstein (until 1413)		
1453	Cathedral cloister completed		
1466–1495	Prince Bishop Rudolf v. Scherenberg (b. 1400) saves Chapter from insolvency. His famous tombstone by the ageing Riemenschneider is in the cathedral	1712	Ceremonial visit of Emperor Charles VI to Würzburg and the castle
		1719–1724	Prince Bishop Joh. Phil. Franz von Schönborn. Neumann plans and begins construction of Residence
1481	First book printer in Würzburg		
1483	The sculptor, Tilman Riemenschneider comes to Würzburg, Alderman in 1504, Mayor in 1521, d. July 7th 1531 (tombstone at cathedral)	1729–1746	Prince Bishop Friedrich Karl von Schönborn, Imperial Vice Chancellor, principal builder of the Residence, completed in 1744. »Schönborn era« is golden age in Würzburg and Bamberg
1493	Riemenschneider's Adam and Eve completed	1736	Consecration of Neumann's Court Chapel
1495–1519	Prince Bishop Lorenz von Bibra, discerning humanist. His tombstone by Riemenschneider in cathedral	1745	Imperial visit by Maria Theresia and Franz Stephan. By now many important artists assembled in Würzburg: Oegg, Byss, Auvera etc.
1518	Dr Martin Luther visits Augustine monastery		
		1749	Neumann builds the pilgrimage church, Käppele
1525	Peasants' War. Würzburg has some 7,000 inhabitants	1751–1753	Giovanni Battista Tiepolo from Venice paints the frescoes in Residence
About 1550	Grumbach dispute, Margraves' war, town pillaged	1755–1779	Prince Bishop Seinsheim Court Gardens created in Würzburg and Veitshöchheim, the sculptors Peter Wagner and Ferdinand Tietz produce their greatest works
1573–1617	Prince Bishop Julius Echter von Mespelbrunn		

1776	River Main Crane constructed
1779–1795	The popular Prince Bishop Erthal
1796	French Revolutionary Army enters Würzburg. Archduke Charles victorious near Würzburg
1800	French troops occupy castle after its surrender
1802	Prince Bishop Fechenbach abdicates, Würzburg becomes Bavarian. Sacking and plundering of church treasures (Secularisation)
1804	Theatre founded. Planting of popular avenues round the town. Foundation of Music School, forerunner of College of Music. Schelling given a chair at university
1805–1806	Würzburg falls to Archduke Ferdinand of Tuscany, first as Electorate, then as Grand Duchy. Troops from Würzburg take part in all Napoleon's battles. He was here in 1806, 1812 and 1813
1814	Würzburg becomes part of Bavaria again
1815–1825	King Ludwig I resides in Würzburg as Crown Prince
1817	High-speed printing machine factory of Koenig and Bauer founded in Oberzell
1821	Prof. Behr, later a freedom fighter, becomes mayor. In 1822 he establishes Savings Bank
About 1830	Würzburg has some 22,000 inhabitants
1831	Historical Association of Lower Franconia founded (Now »Friends of Main-Franconian Art and History«)
1833	Richard Wagner choirmaster in the theatre
1841	River Main steamers begin operating
1848	First German Bishop's Conference
1853	Würzburg connected to railway network
1856	Würzburg town fortifications removed
About 1860	Würzburg now has some 33,000 inhabitants
1866	In the last war between Bavaria and Prussia, castle arsenal set on fire
1871	Dismantling of fortifications begins. Ring Park (Glacis) established on same site. Expansion of town beyond the Ring Park and railway. Suburbs of Grombühl and Sanderau created
1888	Luitpold bridge completed, destroyed in 1945 and rebuilt as the »Peace Bridge«
1895	Löwenbrücke (Lions' Bridge) built. Wilhelm Conrad Röntgen discovers x-rays
1896	New university building in Sanderring
About 1900	Würzburg has some 75,000 inhabitants
1912	Luitpold Teaching Hospital building begun, since then, constant expansion.
1913	Franconian Luitpold Museum opened
1921	Residence opened as a Palace Museum.
1927–1928	Construction begins on Keesburg Garden Town
1930	Heidingsfeld incorporated into Würzburg
1945	16th March. Town almost completely destroyed in British air attack. 5,000 die. Population drops from 120,000 to 5,000
1947	Main-Franconian-Museum in castle opens
1951	Mozart Festival resumes again
1952	1200 year celebration of the diocese. First Main-Franconian-Fair
1954	Rhine-Main-Danube lock
1956	Würzburg has population of 100,000 again
1961	Heuchelhof purchased by town
1963	Martin von Wagner Museum opened
1965	Motorway Frankfurt–Nürnberg via Würzburg completed
1966	Municipal Theatre and State Conservatory opened, now College of Music. Reconstruction of cathedral completed, resumes its former function
1968	Completion of fourth bridge over Main (Konrad Adenauer Bridge)
1970	Municipal Art Gallery opened. Construction begins on satellite town on Heuchelhof. Classes begin in new university building at Hubland

1974	Motorway Würzburg–Heilbronn(–Stuttgart) completed
1976	Oberdürrbach and Unterdürrbach incorporated in town
1978	Versbach and Lengfeld become part of Würzburg
1981	50th Mozart Festival
1981	Commemoration of 450th anniversary of the death of the sculptor, Tilman Riemenschneider
1984	Inhabitants 129,792
1985	Congress-Centrum Würzburg opened
1988	Inhabitants 125,683
1990	The House of Franconian Wine opens
1990	The Bavarian State Garden and Flower Show
1991	Würzburg's 60th Mozart Festival

TABLEAU HISTORIQUE DE WÜRZBURG

Vers 1000 av. J.-C:	Refuge celtique au sommet de la colline au-dessus du Main
Vers 500 av. J.-C:	Vraisemblablement résidence princière sur la colline et village de pêcheurs au pied de la colline
Vers 100 av. J.-C:	Conquête germanique
Vers 650 ap. J.-C:	Résidence des ducs de Franconie sur la rive droite du Main, village de pêcheurs franconiens sur la rive gauche
689	Martyre des apôtres franconiens, Kilian, Kolonat et Totnan
704	Würzburg appelé pour la première fois »Castellum Virteburch«
742	Fondation de l'évêché de Würzburg par Saint-Boniface – Saint-Burkard en devient le premier évêque
788	Première construction de la Cathédrale, probablement à l'emplacement de l'actuel Neumünster. Consécration en présence de l'empereur Charlemagne qui revint ici en 787 et 791
Vers 1000	Premières fortifications de la ville
1030	Privilège impérial accordé à l'évêque (monnaie, droits de péage, marchés) souligne l'importance de la ville
1034–1045	L'évêque Saint-Bruno, cousin de l'empereur Henri III – Il commence la construction de l'actuelle cathédrale et consacre en 1042 l'église Saint-Burkard en présence de l'empereur

1133	Premier pont de pierre sur le Main
1146	Saint-Bernard de Clairvaux à Würzburg
1156	Mariage de l'empereur Frédéric Barberousse à Würzburg
1168	Diète de l'empereur Frédéric Barberousse à Würzburg – Elévation de l'évêque au rang de duc de Franconie
1187	Consécration de la Cathédrale après son achèvement
Vers 1200	Extension des murailles de la ville aux faubourgs de Sand, Pleich et Haug – Würzburg compte environ 5000 habitants
1201	Fondation de la forteresse sur la colline appelée Alt-Würzburg et désormais Marienberg
Vers 1230	Enterrement de Walther von der Vogelweide au Jardin Lusam – plusieurs années de sa vie à la fondation du Neumünster
1253	L'évêque Lobdeburg quitte la ville et fait du château sa résidence qui le restera pour les princes-évêques jusqu'en 1720
1256	Election d'un conseil municipal et d'un bourgmestre à Würzburg
1262	Saint Albertus Magnus à Würzburg
1287	Concile national allemand dans la Cathédrale
1316	La ville fait l'acquisition du bâtiment Grafeneckart pour en faire son Hôtel de Ville
1319	Fondation du Bürgerspital zum Hl. Geist

1333–1345	L'évêque Otto von Wolfskeel érige une enceinte autour du château – pierre tombale à la Cathédrale
1348	Pogrome juif sur la future place du marché
Vers 1350	Michael de Leone, historien, poète et chroniqueur
1377	Pierre de fondation de la Chapelle de la Vierge, place du Marché, église de la bourgeoisie
1397	Le roi Wenzel promet à Würzburg l'indépendance mais se rétracte peu après
1400	Défaite écrasante de la bourgeoisie par l'armée de l'évêque près de Bergtheim
1402	Fondation d'une première université par l'évêque Egloffstein (elle n'existera que 11 ans)
1466–1495	Le prince-évêque Rudolf von Scherenberg (né en 1400) sauve le Chapitre de l'endettement. A la Cathédrale, pierre tombale de ce souverain âgé, œuvre de Riemenschneider
1481	Premier imprimeur à Würzburg
1483	Arrivée du sculpteur Riemenschneider à Würzburg – conseiller municipal en 1504, maire en 1521, décédé le 7 juillet 1531 (tombe à la Cathédrale)
1493	Achèvement d'Adam et Eve par Riemenschneider
1495–1519	Prince-évêque Lorenz von Bibra, fin humaniste – pierre tombale à la cathédrale, œuvre de Riemenschneider
1518	Dr. Martin Luther visite le monastère des Augustins
1525	Guerre des paysans – Würzburg compte 7000 habitants
1513–1617	Prince-évêque Julius Echter von Mespelbrunn
1576	Fondation du Juliusspital
1582	Nouvelle fondation de l'université – Contre-réforme
1600	Agrandissement de la Forteresse Marienberg
1631	Conquête de la ville et du Marienberg par le roi de Suède Gustave-Adolphe – Domination suédoise jusqu'en 1634
1642–1673	Prince-évêque Joh. Phil. von Schönborn, depuis 1647 également prince-électeur de Mayence
1649	Nouvelle fortification du Marienberg avec bastions, puis de la ville à l'emplacement de l'actuelle ceinture verte
1659	Architecte Petrini, peintres et sculpteurs étrangers appelés à Würzburg
1670	Reconstruction de l'Eglise collégiale Stift Haug, principale œuvre de Petrini
1701–1705	Décoration de la Cathédrale avec des stucs de P. Magno
1711	Début des travaux de la façade baroque et de la voûte du Neumünster. Principales œuvres de l'architecte Greising dans les dix années suivantes: église St Peter, Grand Séminaire, le Rückermain – Balthasar Neumann vient à Würzburg en tant que fondeur de canons
1712	L'empereur Charles VI en visite solennelle à Würzburg et dans la Forteresse
1719–1724	Prince-évêque Joh. Phil. Franz v. Schönborn – Plan et début des travaux à la Résidence par Balthasar Neumann
1729–1746	Prince-évêque Friedrich Karl v. Schönborn, vice-chancelier de l'Empire, constructeur principal de la Résidence – Achèvement des travaux en 1744 – Epoque Schönborn, âge d'or de Würzburg et Bamberg
1736	Consécration de la Chapelle des Schönborn par B. Neumann
1745	Visite de l'impératrice Marie-Thérèse et de Franz Stephan – Important cercle d'artistes à Würzburg: Oegg, Byss, Auvera etc.
1749	Neumann construit l'église de pélerinage, Käppele
1751–1753	Giovanni Battista Tiepolo de Venise peint les fresques de la Résidence
1755–1759	Prince-évêque Seinsheim – Parcs de Würzburg et Veitshöchheim se dessinent par des sculptures de Peter Wagner et Ferdinand Tietz

1776	Construction de la grue sur le Main
1779–1795	Erthal, prince-évêque populaire
1796	Arrivée de l'armée française de la Révolution – Victoire de l'archiduc Karl près de Würzburg
1800	Les troupes françaises occupent la citadelle après sa reddition
1802	Démission du prince-évêque Fechenbach – Würzburg devient bavarois. Pillage et dilapidation des trésors des églises (Sécularisation)
1804	Création d'un théâtre – Plantation des allées de peupliers autour de la ville – Fondation d'une école de musique, devenue aujourd'hui le Conservatoire
1806	Würzburg tombe aux mains de l'archiduc de Toscane, en tant que principauté électorale puis grand-duché – troupes de Würzburg sur tous les champs de bataille de Napoléon, présent ici en 1806, 1812 et 1813
1814	Würzburg redevient bavarois
1815–1825	Le roi Louis Ier, prince héritier réside à Würzburg
1817	Fondation de l'usine de presses mécaniques König + Bauer à Oberzell
1821	Professeur Behr, plus tard combattant de la liberté devient maire. En 1822, il fond la Caisse d'Epargne
Vers 1830	Würzburg a environ 22 000 habitants
1833	Richard Wagner, assistant de régie au théâtre
1841	Début de la circulation des bateaux à vapeur sur le Main
1845	Première fête de chanteurs allemands
1848	Première conférence des évêques allemands
1854	Rattachement de Würzburg au réseau ferroviaire
1856	La ville perd son caractère de ville fortifiée
Vers 1860	Würzburg a environ 33 000 habitants
1871	La défortification commence – Au même endroit, apparition d'une ceinture boisée (Glacis). Extension de la ville audelà de cette ceinture et des rails – Apparition des quartiers périphériques de Grombühl et Sanderau
1888	Achèvement du pont Luitpold – détruit en 1945, reconstruit sous le nom de Friedensbrücke (Pont de la Paix)
1895	Construction du Löwenbrücke (Pont aux Lions) – Wilhelm Röntgen découvre les rayons X
1896	Nouvelle université au Sanderring
Vers 1900	Würzburg a environ 75 000 habitants
1912	Début du centre hospitalier universitaire, depuis agrandissement perpétuel – 1970 section spéciale de la chirurgie de la tête
1913	Ouverture du Musée Luitpold
1921	Ouverture du Musée de la Résidence –
1927–1928	Début de la construction du quartier Keesburg, la cité-jardins
1930	Heidingsfeld fait partie de Würzburg
1945	Le 16 mars, la ville est pratiquement entièrement détruite au cours d'une attaque aérienne des Anglais – 5000 morts – la population passe de 120 000 à 5000
1947	Ouverture du Musée de Mainfranken dans la Forteresse
1951	Reprise des festivals de Mozart
1952	1200e anniversaire de l'évêché – Première foire de Mainfranken
1954	Ecluse Rhin-Main-Danube
1956	Würzburg a de nouveau 100 000 habitants
1963	Ouverture du Musée Martin-von-Wagner
1965	Inauguration de l'autoroute Frankfurt–Nürnberg qui passe par Würzburg
1966	Inauguration du Théâtre municipal et du Conservatoire – Fin des travaux de reconstruction de la Cathédrale
1968	Achèvement du 4e pont sur le Main (Konrad-Adenauer Brücke)

1970	Inauguration de la Galerie d'art municipale – Début des travaux dans la ville-dortoir du Heuchelhof – L'université du Hubland ouvre ses portes
1974	Achèvement de la fraction d'autoroute Würzburg–Heilbronn – Rottenbauer rattaché à Würzburg
1976	Rattachement d'Oberdürrbach et Unterdürrbach
1978	Rattachement de Versbach et Lengfeld
1981	50e festival de Mozart

1981	Festivité à l'occasion du 450e anniversaire de la mort du sculpteur Tilman Riemenschneider
1984	Habitants 129 792
1985	Inauguration du Congress-Centrum Würzburg
1988	Habitants 125 683
1990	Inauguration de la Maison des vins da la Franconie
1990	Exposition floralies de Baviére
1991	60e festival de Mozart